行政書士実務のキホン「相続・不動産」

第2版

行政書士 帆秋 啓史 著

はじめに

私自身、今でこそ業務に行き詰った際や新たな分野の依頼等があると専門書籍を読み込むことはありますが、働き始めた頃は、ほとんど書籍で学ぶということをしていませんでした。

大学卒業後、行政書士として独立するまで約９年間、司法書士、土地家屋調査士、行政書士の総合事務所で補助者として、諸先輩方の指導のもと、働きながら実務を覚えていきました。

就職した当時は、「司法書士は登記ができる」、「登記＝対抗要件」、その程度の知識しかなく、実務を覚えるのに大変苦労しました。初めて聞く専門用語も多かったため、その日覚えた用語や教えられたこと、書類作成で間違えたこと等をメモにとり、家に帰ってからノートにまとめるという日々が続きました。そのおかげで徐々にではありますが、実務が身に付いていきました。

このような経験から、たとえ知識がなくとも、日々の業務をこなすことにより自然と実務は身に付くものだと思っていました。

しかしながら、こうした経験ができたのは事務所環境や諸先輩方に恵まれていたのはもちろんのこと、大学を出たばかりで時間的に余裕があったことが大きかったと思います。独立開業を目指す方の中には、私のように新卒で、どこかの事務所で修行しながら実務を覚えるというよりも、別の業種から全くの未経験で開業する方も多いようです。そうした方からは、やはり時間的、金銭的に長い期間下積みを続けることは難しいといった話も耳にします。

そこで、本書はこの分野に未経験で参入しようと考えている方に向けて、業務の中身やその進め方について紹介することで、少しでも早く実務への理解を深めてもらえるように、できるだけ幅広く、あまり難しくならないよう心掛けて執筆しました。既にこの分野で活躍されている読者諸兄にはいささか物足りなさを感じさせる内容かもしれませんが、これから実務に取り組もうとされる方の入門書としてお役に立てば幸いです。

第２版では、未経験者の方が実務をよりイメージしやすいよう、図面の追加や一部加筆修正致しました。また、新たに国庫帰属法や配偶者居住権についても触れておりますので、ご確認ください。

最後に、本著の出版にあたり、ご助言頂いたパートナー土地家屋調査士である高森雄先生、ご尽力頂いたすべての方へ改めて深く感謝申し上げます。

2022 年 11 月

行政書士　帆秋　啓史

目　次

はじめに

第1章　相続・不動産分野の現状

終活の広まりと相続税改正法 ―― 1
相続登記が行われない実態 ―― 3
所有者不明不動産問題 ―― 5
■　相続登記義務化 ―― 6
■　相続土地国庫帰属制度 ―― 7
相続・不動産分野における行政書士へ求められること ―― 12

第2章　相続分野の相談業務

はじめに ―― 15
相続・不動産分野の概要 ―― 15
相続開始後の手続き ―― 17
■　年金 ―― 19
■　葬祭費・埋葬料の支給 ―― 19
■　生命保険 ―― 20
■　自動車 ―― 20
■　株 ―― 21
■　預貯金 ―― 21
■　不動産 ―― 21
営業活動 ―― 23
業務の流れ ―― 25

■ 電話相談 ―― 26
■ 相談票の作成 ―― 27
■ 面談 ―― 30
Column 相談技法――傾聴 ―― 31
■ 戸籍等の収集 ―― 33
■ 相続関係説明図（法定相続情報一覧図）の作成 ―― 43
■ 評価証明書・名寄帳の取得 ―― 46
Column 不動産価格の評価 ―― 46
■ 金融機関・証券会社へ連絡、書類収集 ―― 47
■ 遺産分割協議書等押印書類の作成 ―― 48
■ 押印書類の受領・各種相続手続き、司法書士等への引継ぎ ―― 50
■ 相続手続き完了後、請求 ―― 50
■ 費用精算後、納品、業務完了 ―― 50

第3章 法務局と登記情報提供サービス

法務局と不動産実務の関わり ―― 53
Column 不動産謄本の様々な呼び方 ―― 54
謄本と不動産情報資料の読み方 ―― 54
■ 不動産謄本（全部事項証明書） ―― 54
■ 区分建物謄本 ―― 59
■ 法務局調査 ―― 63
■ 未登記建物 ―― 66
■ 公図 ―― 67
■ 地積測量図 ―― 72
■ 建物図面・各階平面図 ―― 76
登記情報提供サービス ―― 78

第4章 宅地等に関する不動産実務

宅地の定義 ―― 81
宅地の相談を受けたら確認すること ―― 81
宅地に対する利用権限 ―― 82
■ 所有権 ―― 82
■ 使用貸借 ―― 83
Column 公正証書遺言以外は検認がなければ遺言書の機能を果たせない？ ―― 92
Column 民法（相続法）改正 ―― 93
Column 自筆証書遺言の方式緩和 ―― 94
Column 法務局における自筆証書遺言の保管制度の創設 ―― 94
■ 賃貸借 ―― 95
敷地調査 ―― 103
■ 都市計画法第53条第１項の届出 ―― 104
■ 埋蔵文化財の届出 ―― 104
■ 地区計画の届出 ―― 105
■ 開発許可申請 ―― 105
■ 土地区画整理法第76条第１項申請 ―― 107
■ 建築協定 ―― 109
相隣関係 ―― 110

第5章 道路等に関する不動産実務

道路・通路とは ―― 121
建築基準法における道路 ―― 123
■ 道路種別 ―― 123
■ 接道義務 ―― 124
■ 42条２項道路 ―― 124
■ 中心線協議 ―― 126

■ 細街路協議・狭隘協議 ―― 129
■ 43条但書による許可 ―― 130
私道 ―― 131
■ 私権の制限 ―― 131
■ 私人名義の公道 ―― 131
■ 私道を公道へ（寄付手続き） ―― 132
宅地への影響 ―― 133
■ 建ぺい率 ―― 133
■ 容積率 ―― 134
■ 角地緩和 ―― 135
■ 道路状況と不動産評価 ―― 135
道路使用・道路占用 ―― 136
■ 道路使用許可手続き ―― 136
■ 道路占用許可手続き ―― 137
通行・掘削承諾 ―― 139
■ ライフラインの整備 ―― 139
相談事例 ―― 143

第6章 農地に関する実務

農業委員会への確認が大切 ―― 147
農地転用許可制度の目的 ―― 148
農地転用許可制度の概要 ―― 148
許可と届出 ―― 149
都市計画法で指定される都市計画区域について ―― 149
■ 市街化区域 ―― 149
■ 市街化調整区域 ―― 149
農地転用許可の申請手続き ―― 153
■ 農地法第３条による許可申請 ―― 157
■ 農地法第４条による許可申請 ―― 157

■ 農地法第５条による許可申請 —— 158

相談からの流れ —— 158

■ 農地転用許可申請の相談 —— 159

■ 事前調査 —— 160

■ 農業委員会へ事前確認 —— 160

■ 申請人へのヒアリング —— 162

■ 申請書類、押印書類の作成 —— 163

■ 申請 —— 163

相談者や他士業との連携 —— 172

非農地証明書の取得 —— 172

第7章 相続・不動産分野の知っておきたい他士業業務

司法書士 —— 175

■ 相続登記の手続き費用 —— 176

■ 相続における手続きの期限 —— 178

■ 被相続人名義の不動産売買、所有者の住所変更前の財産分与 —— 179

■ 団体信用生命保険と抵当権抹消 —— 179

税理士 —— 181

■ 暦年課税制度と相続時精算課税制度 —— 182

■ 相続税の配偶者控除 —— 182

■ 小規模宅地等の特例 —— 183

弁護士 —— 183

■ 遺産分割調停の流れ —— 184

■ 法テラス —— 186

■ 非弁行為 —— 186

土地家屋調査士 —— 187

■ 未登記建物の相続 —— 187

■ 土地地目変更登記 —— 188

■ 筆界と所有権界 —— 188

■ 境界確定測量 191
■ 土地分筆登記 191
他士業の関連知識について 192

索引 195

第1章

相続・不動産分野の現状

終活の広まりと相続税法改正

筆者が士業と呼ばれる業界に入ってから17年近く経ちますが、その間、相続・不動産分野は大きな転換期を迎えました。以前は相続という言葉自体が現在のように浸透しておらず、どちらかというと「死」を連想し、あまり公に相続専門と謳う士業者も少なかったように思われます。現在のような、いわゆる相続ブームとなったのにはいくつかの要因があります。1つはエンディングノートに代表される「終活」の広まり、そしてもう1つは相続税の基礎控除額の引き下げではないでしょうか。

終活については説明する必要もないほど、現在では既に市民権を得ており、マスメディアに取り上げられることも多く、書店には関連書籍が多数並んでいます。私もセミナー依頼を受ける際に相続・遺言に重きを置いた講義を考えているのですが、主催者側からはエンディングノートや終活について話をして欲しいといった要望を受けることも少なくありません。なかなか限られた時間の中で全てに触れることはできませんが、セミナー参加者に興味を持ってもらえるように、『遺言書とエンディングノートの違い』や『相続でもめないための終活』といったテーマで話をしています。セミナー後のアンケートを確認すると参加者の意識の高さがうかがえます。近年では空き家問題や所有者不明土地問題など相続関連のテーマに関するセミナーを受講したい等の要望もあり、「終活」への関心の高さは今後も続くと思われます。

次に相続税の基礎控除額の引き下げについてですが、こちらも専門家はもとより一般の方にも与えたインパクトは大きかったようです。2015年（平成27

年）の改正当時はもちろんのこと、現在においても相続相談の際に、まず相続税がかかるかどうかを気にする相続人が改正前に比べ増えたように感じます。

用語解説

相続税の基礎控除額の引き下げ

改正前の基礎控除額は「5,000万円＋1,000万円×法定相続人の数」でしたが、改正後は「3,000万円＋600万円×法定相続人」の数となりました。

【例】法定相続人が配偶者と子２人の場合

改正前

5,000万円＋（1,000万円×３人）＝8,000万円（遺産に係る基礎控除額）

改正後

3,000万円＋（600万円×３人）＝4,800万円（遺産に係る基礎控除額）

改正前には相続税の課税対象者の割合は死亡した人の4.4％程でした。しかし改正後は8.0％を超え、倍近くに増えました（図表１－１）。

図表1-1　被相続人数の推移、課税割合の推移

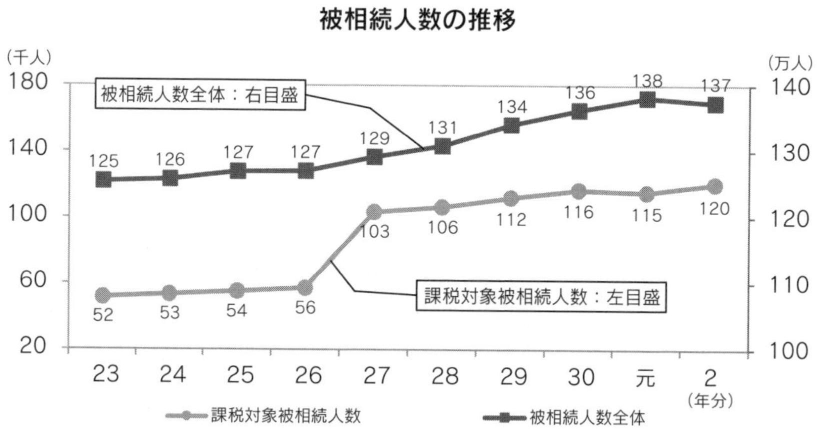

課税割合の推移

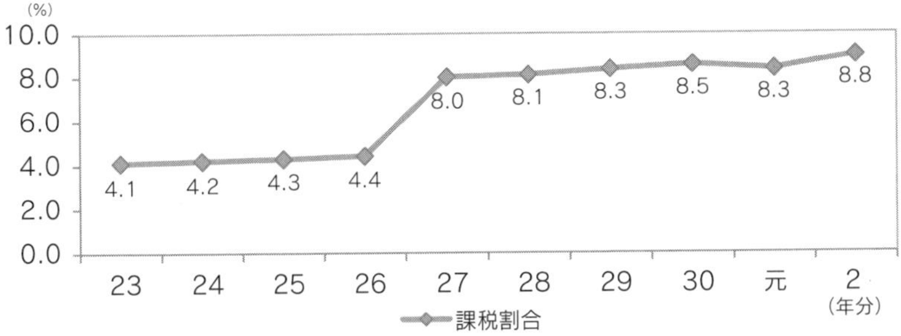

(出典：国税庁「令和２年分相続税の申告事績の概要」 https://www.nta.go.jp/information/release/kokuzeicho/2021/sozoku_shinkoku/pdf/sozoku_shinkoku.pdf)

都内に限ると、亡くなった方の16.2%（平成29年申告分）もの方が相続税の課税対象者となりました。改正前には相続税は自分に関係ない、お金持ちに限った話だと考えていた方も、改正後は具体的にどれだけ課税対象者が増えたかまでは知らなくとも、これまでより相続税を払わなければならない人が増えている、もしかしたら自分が死んだ時、もしくは親が亡くなった時には相続税がかかるかもしれないということを意識するようになりました。

しかしながら、いくら人々の相続への関心が高まってきたからといって、現状で全ての相続手続きにおいて何の問題もなく、粛々と相続登記や相続税の申告が進んでいるわけではありません。特に不動産の相続手続きについては、2016年度（平成28年度）に実施された国土交通省の地籍調査によると、調査対象筆数622,608筆の内、83,371筆（1,130地区／558市区町村)、約13%の土地が法務局へ相続登記申請が行われていないといった実態が判明しました[1]。

相続登記が行われない実態

不動産の相続手続きについては第２章で詳しく説明しますが、簡単に言うと法務局において、不動産の登記記録を亡くなった方（被相続人）名義から不動

1　平成29年度に地籍調査を実施した土地（約62.9万筆）において、不動産登記簿上で所有者の所在が確認できない土地は約22.2%となっています（第41回国土審議会資料（2022年４月21日))。

産を譲り受けた方名義へ変更（所有権移転登記を申請）する必要があります。不動産登記をしなければ第三者に対し、不動産の所有権を主張することはできない（民法第177条）と定められていますが（後述Point参照）、相続人にとっては日常生活において特に問題が生じることはなく、相続登記は後回し、もしくはずっとほったらかし、といった事例も多数ありました。

その結果、相続登記をしないまま何年も経過し、相続人の中に、さらに亡くなる方が出てくると、ねずみ算式に相続人が増えていくような事例も現れました。数次相続や代襲相続が発生すると、相続関係が複雑になってしまい、相続人間の話し合いが困難になってしまいます。また、そこまではいかなくとも親戚付き合いが乏しく相続人同士で普段から連絡をとっておらず、連絡先がわからない場合や、そもそも相続人が全員亡くなってしまって現在の所有者が誰かわからない（所有者不明不動産）といったケースも後を絶ちません。

このような問題について大きく取り上げられたきっかけは東日本大震災でした。地震により発生した津波で多くの人や土地家屋が被害を受けましたが、復興にあたり登記記録を調査しても、記載されている所有者が震災よりも何十年も前に亡くなっており、現在の相続人が誰かわからないといったケースが多数報告されました。この事実は行政主導の区画整理や用地買収において大きな障害となり、行政が本格的に所有者不明土地問題の解決に乗り出すきっかけとなりました。

POINT　民法改正と不動産登記

旧法では、不動産を遺言（相続させる趣旨の遺言）による相続分の指定や遺産分割方法の指定よって取得した場合には、登記などの対抗要件がなくとも第三者に対抗できましたが、遺産分割協議によって取得した場合には、法定相続分を超える部分について、登記なくして第三者に対抗できませんでした。この取得方法によって相続の効力に違いがあることは結果として「登記をしなくても不動産を相続できる」といった流れを生み、名義変更がされないまま放置されるといった所有者不明土地問題の原因の一つに挙げられていました。そのため民法改正により、取得方法にかかわらず、法定相続分を超える部分については、第三者に対抗するためには登記が必要となりました（民法第899条の2）。

所有者不明不動産問題

2017年の所有者不明土地問題研究会（座長：増田寛也東京大学公共政策大学院客員教授）の最終報告によると2016年時点で存在している所有者不明土地面積は約410万ヘクタールに上ります。対策を講じないと所有者不明土地は増加することが見込まれ、2040年には約720万ヘクタールとなり、北海道本島の面積（約780万ヘクタール）に迫る見通しです（図表１－２）。

図表1-2　所有者不明土地面積の増加

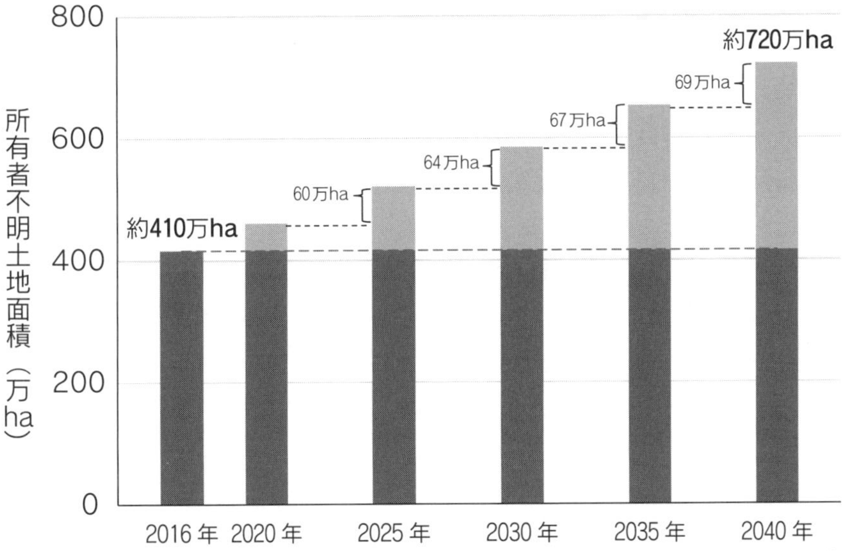

（出典：増田寛也「所有者不明土地問題研究会 最終報告概要」 https://www.cas.go.jp/jp/seisaku/shoyushafumei/dai1/siryou1-2.pdf）

また、所有者不明土地の経済的損失について算出可能なコスト・損失額を試算した結果によると、2016年単年での経済損失は約1,800億円で、このまま2040年まで所有者不明土地面積が増加していくと、2040年の経済損失は約3,100億円となり、累計で約６兆円に相当します。算出不可能なコストもあることから、実際にはそれ以上の損失になる可能性もあります。

しかしながら、現状の制度では所有者不明土地問題の積極的な解決は困難だったことから、政府は法整備に向けて民法・不動産登記法等の改正を行いました。それが相続登記義務化や相続土地国庫帰属制度に代表される新たな制度です。

相続登記義務化

令和6年4月1日より、相続登記の申請が義務化されます。これまでは相続登記の申請が義務とされておらず、その申請をしなくとも相続人が不利益を被ることは少なかったため、不動産を相続した人の中には費用や手間を掛けてまで、あえて登記の申請を行わないという人や、相続への関心が乏しく、自身が不動産を相続したことすら知らない等のケースが少なくありませんでした。

そこで、今後は不動産を取得した相続人に対し、その取得を知った日から3年以内（施行日前に相続が発生した場合は、施行日又は登記申請要件を満たした日のいずれか遅い日から3年以内）に相続登記の申請をすることを義務付け、正当な理由がないにもかかわらず、その申請を怠ったときには10万円以下の過料が科せられることとなりました。

相続発生後は遺産分割がなければ全ての相続人が法定相続分の割合で不動産を共有した状態となり、登記申請義務を履行するためには相続人全員の協力が必要となります。現行法下でも、相続人の1人からこの共有状態を登記にそのまま反映することは可能ですが、法定相続分での登記をするには法定相続人の範囲や法定相続分の割合を確定させるために被相続人の死亡から出生まで遡った戸籍謄本等の書類の収集が必要になるなど、手間がかかり、申請者の負担となっていました。

そこで、より簡易に相続登記の義務を履行することができるよう、新たに“相続人申告登記”制度を設けました。

相続人申告登記では所有権の登記名義人に相続が発生したこと及び自らが相続人であることを申請義務履行期間内に登記官に申し出ることにより、申請義務を履行したものとみなされます。申し出を受けた登記官は審査の上、申出をした相続人の氏名と住所を職権で登記に付記します。申し出にあたっては、添付書面として所有権登記名義人の相続人であることがわかる戸籍謄本等で足り（法定相続人の範囲や法定相続分の割合の確定は不要）、申出人の負担が軽減されます。

相続土地国庫帰属制度

令和５年４月27日より相続土地国庫帰属制度が始まります。この制度は従来では手放すことが難しかった不要な土地を国庫に帰属させることができます。

具体的な手続きについては検討中ですが（2022年10月現在）、相続又は遺贈（相続人が遺贈を受ける場合のみ）により土地を取得した者は法務大臣（法務局）へ承認申請を行い、要件審査を経て承認されると、申請者が10年分の土地管理費相当額の負担金を納付することにより、国庫へ帰属されます。

対象土地は相続又は相続を原因とする遺贈によって自分の意思にかかわらず取得した土地（施行前に相続した土地も対象）で、売買や贈与等で取得した土地については対象となりません。

なお、共有土地については共有者の一人が売買等により共有持分を取得していても、他の共有者が相続などにより共有持分を取得している場合は、共有者全員が共同して申請を行うことにより、本制度を利用することができます。

申請先は帰属させる土地を管轄する法務局・地方法務局を予定しており、申請書や添付書類、審査手数料、負担金については次頁の資料のとおり決定しています（令和４年10月）。なお、帰属の承認ができない土地については、法律（令和３年法律第２５号。以下「法」という）により定められており、下記のとおりとなります。

①　却下事由（法第２条第３項）※申請をすることができない土地
- 建物がある
- 担保権や使用収益が設定されている
- 他人の利用が予定されている
- 土壌汚染されている
- 境界が明らかでない・所有権の存否や範囲に争いがある

②　不承認事由（法第５条第１項）※承認を受けることができない土地
- 一定の勾配・高さの崖があって、管理に過分な費用・労力がかかる
- 土地の管理・処分を阻害する有体物が地上にある

・土地の管理・処分のために、除去しなければならない有体物が地下にある

・隣接する土地の所有者等との争訟によらなければ管理・処分ができない

・その他、通常の管理・処分にあたって過分な費用・労力がかかる

更に詳細の要件を政令で定める予定であり、今後も注視が必要です。

資料

○負担金算定の具体例

<table>
<tr><td rowspan="2">①　宅地</td><td colspan="2">面積にかかわらず、20万円</td></tr>
<tr><td>ただし、都市計画法の市街化区域（※１）又は用途地域（※２）が指定されている地域内の宅地については、面積に応じ算定</td><td>➡算定式(1)</td></tr>
<tr><td rowspan="2">②　田、畑</td><td colspan="2">面積にかかわらず、20万円</td></tr>
<tr><td>ただし、以下の田、畑については、面積に応じ算定
ア　都市計画法の市街化区域又は用途地域が指定されている地域内の農地
イ　農業振興地域の整備に関する法律の農地用区域（※３）内の農地
ウ　土地改良事業等（土地改良事業又はこれに準ずる事業であって、農地法施行規則第40条第1号及び第2号イ若しくはロに規定する事業）の施行区域内の農地</td><td>➡算定式(2)</td></tr>
<tr><td>③　森林</td><td>面積に応じ算定</td><td>➡算定式(3)</td></tr>
<tr><td>④　その他
※雑種地、原野等</td><td colspan="2">面積にかかわらず、20万円</td></tr>
</table>

（※１）

市街化区域とは、すでに市街地を形成している区域又はおおむね10年以内に優先的かつ計画的に市街化を図るべき区域をいいます（都市計画法（昭和43年法律第100号）第７条第２項）。

（※２）

用途地域とは、都市計画法における地域地区の一つであり、住居・商業・工業など市街地の大枠としての土地利用が定められている地域をいいます（都市計画法第８条第１項第１項）。

（※３）

農用地区域とは、自然的経済的社会的諸条件を考慮して総合的に農業の振興を図ることが必要であると認められる地域として指定された区域をいいます（農業振興地域の整備に関する法律（昭和 44 年法律第 58 号）第８条第２項第１号）。

○算定式

⑴　宅地のうち、都市計画法の市街化区域又は用途地域が指定されている地域内の土地

面積区分	負担金額
50㎡以下	国庫帰属地の面積に 4,070（円／㎡）を乗じ、208,000 円を加えた額
50㎡超 100㎡以下	国庫帰属地の面積に 2,720（円／㎡）を乗じ、276,000 円を加えた額
100㎡超 200㎡以下	国庫帰属地の面積に 2,450（円／㎡）を乗じ、303,000 円を加えた額
200㎡超 400㎡以下	国庫帰属地の面積に 2,250（円／㎡）を乗じ、343,000 円を加えた額
400㎡超 800㎡以下	国庫帰属地の面積に 2,110（円／㎡）を乗じ、399,000 円を加えた額
800㎡超	国庫帰属地の面積に 2,010（円／㎡）を乗じ、479,000 円を加えた額

⑵　主に農地用として利用されている土地のうち、次のいずれかに掲げるもの

ア　都市計画法の市街地区域又は用途地域が指定されている地域内の農地

イ　農業振興地域の整備に関する法律の農用地区域内の農地

ウ　土地改良事業等（土地改良事業又はこれに準ずる事業であって、農地法施行規則第 40 条第１号及び第２号イ若しくはロに規定する事業）の施行区域内の農地

面積区分	負担金額
250㎡以下	国庫帰属地の面積に 1,210（円/㎡）を乗じ、208,000 円を加えた額
250㎡超 500㎡以下	国庫帰属地の面積に 850（円/㎡）を乗じ、298,000 円を加えた額
500㎡超 1,000㎡以下	国庫帰属地の面積に 810（円/㎡）を乗じ、318,000 円を加えた額
1,000㎡超 2,000㎡以下	国庫帰属地の面積に 740（円/㎡）を乗じ、388,000 円を加えた額
2,000㎡超 4,000㎡以下	国庫帰属地の面積に 650（円/㎡）を乗じ、568,000 円を加えた額
4,000㎡超	国庫帰属地の面積に 640（円/㎡）を乗じ、608,000 円を加えた額

(3) 主に森林として利用されている土地

面積区分	負担金額
750㎡以下	国庫帰属地の面積に 59（円/㎡）を乗じ、210,000 円を加えた額
750㎡超 1,500㎡以下	国庫帰属地の面積に 24（円/㎡）を乗じ、237,000 円を加えた額
1,500㎡超 3,000㎡以下	国庫帰属地の面積に 17（円/㎡）を乗じ、248,000 円を加えた額
3,000㎡超 6,000㎡以下	国庫帰属地の面積に 12（円/㎡）を乗じ、263,000 円を加えた額
6,000㎡超 12,000㎡以下	国庫帰属地の面積に 8（円/㎡）を乗じ、287,000 円を加えた額
12,000㎡超	国庫帰属地の面積に 6（円/㎡）を乗じ、311,000 円を加えた額

（出典：法務省「相続土地国庫帰属制度の負担金」https://www.moj.go.jp/MINJI/minji05_00471.html）

上記制度の具体的な手続内容や詳細については現段階（2022年10月現在）では発表されておりませんが、相続人に対し不動産の相続登記申請を義務付けることにより、名義変更が放置され、所有者不明土地が発生することを予防し、相続した不要な土地の所有権を放棄することを認め、所有者不明土地の発生を抑制することが期待されます。

その他にも相続人不存在の相続財産の清算手続きの見直し、遺産分割協議の期間制限、共有関係にある所有者不明土地の利用や所有者不明土地の合理的な管理について等、所有者不明土地を円滑・適正に利用するための仕組みが検討されております。改正後は運用が始まってからの実体面、手続き面での課題や障害が生じることも予想されますが、所有者不明土地問題解決に向けた第一歩であることは間違いありません。

所有者不明土地問題の解決には上記のような法整備も必要ですが、実務においては相続・不動産の専門家の手助けが今後重要になることが考えられます。既に各士業団体においては問題解決に向けた取組みや所有者不明土地の所有者把握に向けた探索・利活用のためのガイドラインの策定、普及活動に着手しています。

例を挙げると日本行政書士会連合会においては、一般向けのパンフレットを配布して定期的な無料相談会を開催し、各自治体や地元農業委員会とも協力して所有者不明農地の調査を行っています。また、司法書士会と協力して入会地を登記するために認可地縁団体の設立及び同団体への所有権移転登記を進めた事例もあります。法人格取得前（認可地縁団体設立前）においては地域の入会地等については地域住民の代表者名義や共有名義で登記されており、登記名義人の中に相続が発生しても名義変更が行われずそのまま放置されている事例が多く、所有者不明土地と同じく不動産の適正な管理利用が行えなかったためです。

相続・不動産分野における行政書士へ求められること

法改正や各種士業団体の取組みは、今後の相続実務に大きな影響を及ぼします。このような状況で我々には自身の資格に付随する知識のみにとらわれず幅広い知識が求められます。確かに士業間の業際の問題もあり、登記手続きは司法書士、税務手続きは税理士といったそれぞれの専門分野はあります。しかしながら自身が相談を受けた際に「自分は行政書士だから相続登記については一切わかりません」、「相続税のことは税理士に聞いてください」とただ相手を突き放すことは簡単ですが、登記や相続税に関する知識を知っているのと知らないのとでは相談を受けた際の伝え方やアプローチが変わってくるはずです。

相談者は困ったことがあるから専門家へ相談します。多くの相談者は、どこの誰に相談していいのかもわかっていないことが普通です。専門外だからと突き放すのではなく、まずは相手の話を聴く、そして応えられることは応えるべきだと思います。「不動産の名義変更をしたい」という相談を受けたのであれば、相続関係や遺言書の有無を確認し、相続登記をするには遺産分割協議書など必要書類があることを伝えることはできます。「相続税がかかるか知りたい」という方にはそもそも基礎控除額を超えているのかを確認するように伝えることもできます。その上で具体的な相談や依頼については司法書士や税理士といった専門家がいることを案内し、場合によっては紹介することも十分相談者の利益にかなうと思います。士業者の中には信念をもって自身の業務外のことには触れないという方もおり、その考え方は尊重すべきでありますが、筆者としては、これからこの分野に携わる方には一歩踏み込んだ知識と実務を身に付けて頂きたいと考えております。

しかしながら、気を付けていただきたいのは、どんなに登記や税務の知識があったとしても、どこまでが自分たちの業務かを常に意識する必要があることです。本来的には業務外の相談についてアドバイスを行うことはできませんので、お答えできるのは個別・具体性のない一般的なものに限った範囲です。前段と矛盾するようですが、業際の線引きをせずに安易に専門外の分野へ踏み込むことは結果として自分の首を絞めかねません。過去には踏み込みすぎて、違法に登記手続きや税務申告を受任してしまった行政書士が処罰されています。

本書を手に取っていただいた皆様には、知識を身に付けることに加えて、横のつながりを大切にしてもらいたいと思います。それは同業者でも他士業の方でも構いません。他士業者であれば提携することも一つです。周りに信頼できる専門家がいれば、お互いに何か困ったことがあれば相談できますし、専門分野を超えた相談があったとしても共同で受任することで、業際にとらわれず他士業者と一緒になって問題を解決へ導くことができます。

土地建物の相続をめぐる状況は時代とともに変化しており、自分一人ではややもすれば誤った判断をしかねません。これからの相続・不動産の専門家においては法改正や世の中の動静を注視することに加え柔軟な姿勢で他士業と共生して国民の利益に資する姿勢が必要となります。

本書はこれから相続・不動産分野へ携わろうとお考えの方、初学者向けに執筆しました。第２章以降では実際の業務に必要な経験を補う知識や情報を紹介しますので、実務を行う上で是非参考にしてください。

第2章

相続分野の相談業務

はじめに

本書は、これから「相続・不動産」分野に携わっていきたいとお考えの行政書士を対象としていますが、法律や知識以外の業務の進め方や考え方については筆者の経験に基づいて記載しています。皆さんが初めて依頼を受けた際は、こちらに経験がなくとも、依頼者にとっては専門家であり、依頼を受けたからには業務完了までしっかりと責任を果たさなくてはなりません。「初めてなので、わかりませんでした」、「どのように進めてよいかわからず、ご迷惑をお掛けしました」といった言い訳は依頼者には通用しません。

だからといって、せっかくの依頼を断ってしまってはいつまで経ってもその分野の業務を請け負うことはできません。誰しも初めて携わる分野はあります。その際に経験の不足を補う上で、是非本書を参考にしていただければと思います。実務を重ねるにつれ、業務に対する考え方や各々に合った進め方が見つかると思います。その際は自分が思うように改善し、業務を進めてください。

この章では「相続・不動産」分野のうち、特に相続の相談業務について紹介します。不動産の個別業務については第4章以降で紹介しますので、まずは相続業務における知識や実務の流れについて押さえてください。

相続・不動産分野の概要

行政書士業務のうち、「相続・不動産」分野とはそもそも何を指すのでしょうか。行政書士の業務については行政書士法では次のように定められています。

行政書士法第１条の２

他人の依頼を受け報酬を得て、官公署に提出する書類（電磁的記録を含む）、その他権利義務又は事実証明に関する書類（実地調査に基づく図面を含む）を作成することを業務とする。

例えば「官公署に提出する書類」とは農地法の許可申請や都市計画法の開発行為許可申請などが挙げられ、「権利義務に関する書類」とは遺産分割協議書や各種契約書等、権利義務の発生や変更等に関する書類のことをいいます。

「事実証明に関する書類」とは実地調査に基づく各種図面類（位置図、案内図、現況測量図等）、議事録、会計帳簿、法定相続情報一覧図の作成などが挙げられます。筆者の事務所においては下記のような相談や依頼が寄せられています。

・　被相続人名義の財産の相続手続き業務
・　遺言書の作成業務
・　敷地調査報告書作成業務
・　農地の移転や転用に伴う農業委員会への届出業務
・　民事信託契約書や贈与契約書等の契約書作成業務
・　相隣関係に関する各種覚書、合意書、内容証明書等作成業務

「相続・不動産」分野というものに元来定義はないので、筆者は上記のような相続や不動産に関する業務は全て「相続・不動産」分野と呼んでいます。これらは一例ですが、相続や不動産に関する業務は多岐にわたります。それゆえ、「相続・不動産」分野の全てについてプロフェッショナルに業務をこなすことは至難の業です。筆者も先に挙げた業務の内、上段の４つの業務についてはこれまでの経験と知識で十分対応できる自信はありますが、下段の２つの業務についてはまだまだ不勉強な部分があります。

民事信託については新しい分野であり、依頼があった際には書籍で調べ、公証人や他士業者と打ち合わせを重ねながら進めています。相隣関係については訴訟に発展する可能性もありますので、案件ごとに注意しながら進め、時に弁護士の助言を受けたり、場合によってはそのまま弁護士へ業務を引き継いだりします。「相続・不動産」専門と謳っていたとしても、全てを完璧に理解しておく必要はなく、自分の得意な業務を見つけ、それをメイン業務として見識を

深め、徐々に自分ができる業務を広げてもらいたいと思います（図表２－１）。

図表2-1　業務の広げ方のイメージ

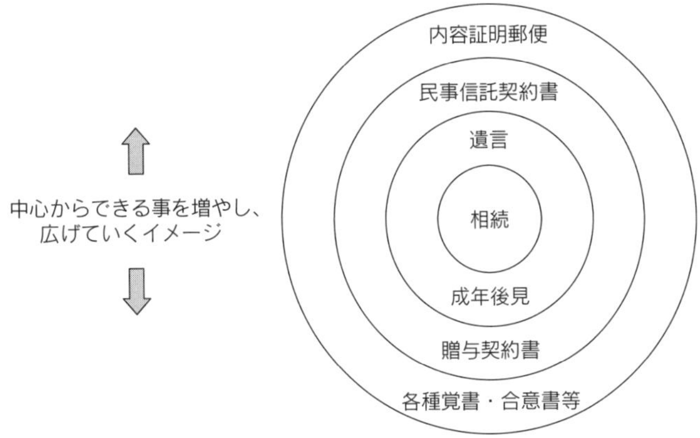

相続開始後の手続き

筆者は図表２－１のように、メイン業務に相続分野を据えていますが、相続分野、相続手続きと一言に言っても、これまでこの分野に携わったことがない方には実際にどのような手続きが必要となるのかイメージが湧かないと思います。そこで、まずは次頁の図で、人が亡くなった際にどのような手続きがあるのか確認していただき、そこからいくつかの手続を紹介します。

図表2-2　相続手続の全体像

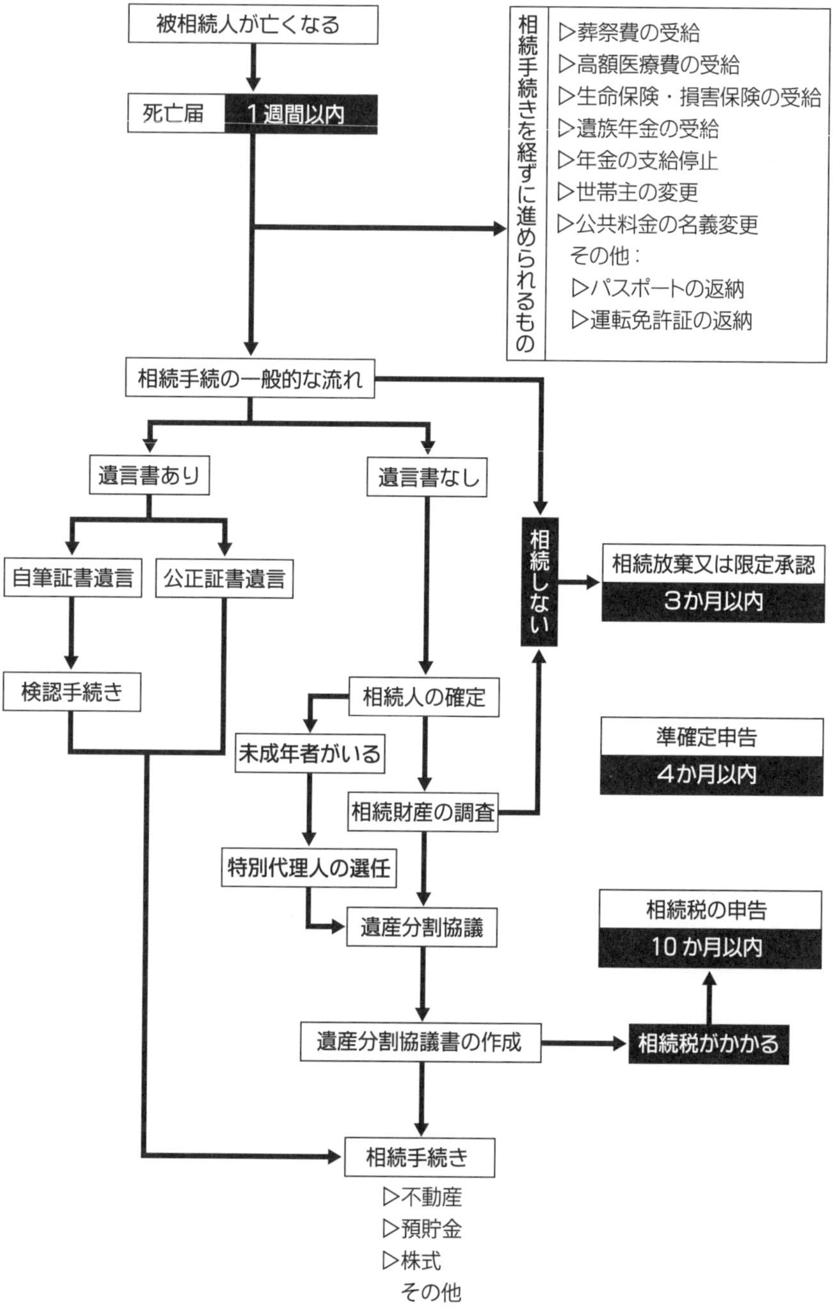

年　金

年金の受給者が亡くなった場合、遺族は亡くなった方の年金手続きをする必要があります。初めに年金事務所又は年金相談センターへ「年金受給者死亡届」を提出し、年金受給停止手続きを行います（亡くなった方の受け取っていた年金を停止させる手続き）。この手続きが遅れてしまうと死亡月以降にも年金を受給し続け、不正受給となるので、早期に年金事務所又は年金相談センターへ連絡する必要があります。死亡月以降に受け取った受給分は全額返金する義務があります。日本年金機構に個人番号（マイナンバー）が登録されている場合は原則として「年金受給死亡届」の提出を省略することができます。逆に死亡月までの受給分を受け取っていない場合には、併せて請求することにより、死亡月までの受給分を受け取ることができます（未支給年金の受け取り）。

また、亡くなった方に生計を維持されていた遺族は受給要件を満たすと、遺族年金（遺族基礎年金、遺族厚生年金）、寡婦年金、死亡一時金などの年金や一時金を受け取ることができます。遺族年金、寡婦年金、死亡一時金はどれか１つのみ受け取り可能です。

年金ではありませんが、上記以外にも労災保険の遺族には「遺族（補償）年金」や「遺族（補償）一時金」の給付が受けられる場合もありますので、遺族の状況に応じて適用要件を確認する必要があります。

葬祭費・埋葬料の支給

亡くなった方が健康保険に加入していた場合、「葬祭費」「埋葬料」という給付があります。

亡くなった方が国民健康保険又は後期高齢者医療制度の加入者であれば、市区町村の国民健康保険課へ申請することにより、葬儀を行った方が葬祭費として１万～７万円を受け取ることができます（支給額は自治体により異なる）。

社会保険の被保険者が亡くなった場合は、加入先の保険事務所へ申請することにより、埋葬を行う方が埋葬料として５万円を受け取ることができます。ただし、埋葬を行った方が被保険者の家族以外の場合には５万円を上限として、埋葬にかかった実費分のみが支払われます。

生命保険

生命保険の加入者が亡くなった場合、保険金の受取人は加入先の保険会社に対し、保険金の請求をすることができます。生命保険の保険金については原則として相続財産には含まれません。保険金は受取人の固有財産となるので、受取人以外の相続人は保険金に対し分割の請求をすることはできません。ただし、生命保険の保険金は相続財産ではありませんが、相続税の課税対象となります（みなし相続財産）。

用語解説

みなし相続財産

みなし相続財産とは民法上の相続財産ではないが、相続税を計算する際は相続財産と"みなして"相続税を課税する相続財産のことです。生命保険の保険金以外にも死亡退職金等もみなし相続財産とされています。なお、生命保険等には非課税枠が設けられており、相続税を算出する際には「500万円×法定相続人の数」を生命保険の保険金額から差し引くことができます。

自動車

自動車は、亡くなった方の所有車が普通自動車か軽自動車かによって、手続きの窓口が異なります。自動車を相続する方は普通自動車の場合は管轄陸運局、軽自動車の場合は管轄軽自動車検査協会において名義変更の手続きを行います。名義変更を行わなくとも車に乗り続けることはできます。しかし、事故にあった時などに自動車保険が速やかに支払われない場合や、自動車税の納付書が故人宛に届き、納付もれとなる可能性もあります。また、売却や廃車にする場合も名義変更が必要です。故人名義のままでは売却や廃車手続きを行うことはできません。

株

亡くなった方（被相続人）が証券会社において株取引きを行っていた場合、株を相続する方（相続人）は証券会社へ連絡し、株の引継ぎ（名義変更）手続きを行う必要があります。株を引き継ぐ際に、相続人が証券会社に口座を持っていない場合には、新たに証券口座を開設する必要があります。被相続人の証券口座を引き継いで取引を行うことはできません。開設する口座は被相続人と違う証券会社で開設したものでも構いません。

預貯金

被相続人名義の預貯金口座があった場合には、預貯金を相続する方は銀行やゆうちょ銀行へ連絡し、払戻等の手続きを行う必要があります。なお、遺産分割協議前に預貯金額を確認したい場合には、手続き開始時に残高証明書を請求すると、死亡日現在の預貯金残高を確認することができます。

不動産

不動産を所有する方が亡くなった場合、被相続人の名義になっている不動産を相続人名義にする相続登記が必要になります。不動産の所在地を管轄する法務局に登記申請することにより登記記録が変更されます。

? 用語解説

相続登記

相続登記とは被相続人の死亡（相続）を原因とする所有権移転登記のことです。相続による所有権移転登記を申請する場合には登記申請書を作成し、必要書類とともに登記申請します。申請書については法務局のホームページに記載例が掲載してありますので、参考にしてください（http://houmukyoku. moj. go. jp/homu/fudousan4.html）。

必要書類は下記のとおりとなります。

①

- 被相続人の死亡から出生まで遡った全ての戸籍
- 相続人全員の戸籍謄本
- 相続関係説明図
- 被相続人の除票又は戸籍の附票
- 不動産を取得する相続人の住民票又は戸籍の附票

又は

- 法定相続証明情報の一覧図（被相続人及び相続人の住所記載のあるもの）

※登記簿上の住所と被相続人の最後の住所地が異なる場合（被相続人が生前住所を移転していたが、登記簿上の住所の変更登記をしていなかった場合）には登記簿上の住所から最後の住所まで住所のつながりを確認できる書類（除附票や改製原附票等）、つながりを称する書類がない場合（除附票等の保存期間が経過している場合等）には被相続人が登記簿上の所有者であることを推定できる書類（不在住・不在籍証明書、権利証等）を用意する必要があります。しかしながら、判断が難しい場合もありますので、被相続人の最後の住所と登記簿上の住所が異なる場合には司法書士や法務局へ確認しましょう。

②

- 遺産分割協議書及び相続人全員の印鑑証明書

又は

- 遺言書（自筆証書遺言の場合は家庭裁判所で検認済みのもの）

③

- 固定資産税の評価証明書

その他、登録免許税を収める収入印紙や司法書士へ依頼する場合には委任状が必要となります。

登記申請書等を作成し、添付書類を添えて法務局へ申請すると、法務局で審査が行われます。書類に不備がなければ、申請後約1週間から10日ほどで登記が完了します。登記が完了すると法務局から登記識別情報及び登記完了証が通知されますので、登記完了後の登記情報（登記事項証明書）を確認し、問題なく相続人名義へ変更していれば不動産の相続手続きは完了となります。

登記後に完了謄本（登記事項証明書）を確認すると相続人の住所や氏名に誤

記載があることもあるので、登記完了後は必ず完了謄本を確認しましょう。

営業活動

業務の流れや必要な知識が身に付いたとしても相談者からの問い合わせがなければ、それを業務に役立てることはできません。どんなに素晴らしい技術を持っていても、それを披露する場がなければ宝の持ち腐れです。

しかし、どうすれば相談が増えるのかは正直なところ筆者にもわかりません。成功者のアドバイスやビジネス本、ネットにはこうすれば仕事が増えるといった成功体験を紹介しているものも散見されますが、それらは体験者の置かれた環境や仕事のタイミングによって大きく左右されるような気がします。皆がみな同じような経験を積んできたわけではないので、どんな方にも当てはまる成功の方程式はないのではないかと考えています。とは言え、ただ待っていても向こうから仕事がやってくるということは滅多にありません。

以前は待っていれば困っている人が相談にやってきて、それが依頼に繋がるといった時代もあったのかもしれません。しかし、近年は専門家の数も増え、インターネットにはあらゆる情報があふれていますので、困ったことがあれば多くの専門家の中から相談先を取捨選択し、場合によってはそこから得た知識で自ら解決できてしまうこともあります。そんな中でただ漫然と仕事の依頼が来るのを待っていても依頼が増えることはありません。

どの事務所も多かれ少なかれ営業努力というものをしています。筆者の場合、独立した当初は飛び込み営業やポスティングを試みましたが、ポスティングについては効果が得られませんでした。飛び込み営業は現在もお付き合いしているクライアントもいますので、必ずしも無駄ではありませんが、かなりの根気が必要となります。筆者は、独立前は大手事務所に所属していたため、新規の顧客開拓は経験したことがなく、独立を機に何事も経験だと思い、電話やメールはもちろん、アポなしでの会社訪問も試みました。相手に断られることは当たり前だと思っていたので、忙しい先方には申し訳ないとは思いつつ、営業を学ぶためにご挨拶に回らせてもらいました。その結果、いくつかお話を頂くこともできました。効率的ではないと思いますが、今でもその経験は無駄ではなかったと思っています。

現在の筆者の事務所はどこから業務の依頼がきているのかというと、多くはお付き合いのある方からの紹介です。不動産会社や銀行、葬儀会社や保険会社など様々ですが、税理士や司法書士など他士業者からも相談者の紹介があります。なかなか1つの紹介先から事務所を運営できるほどの業務依頼をもらうことは難しいので、多くの職種の方とお付き合いしています。

お付き合いしている業者の方は独立前から面識のある方もいますが、独立後に知り合った方も多くいます。直接的に仕事に繋がる会社へ営業をするよりも、まずは様々な職種の方と知り合う機会を増やし、そこから何かあれば声をかけてもらえるようにしていました。仕事に繋がらなくとも様々な職種の方に会い、その業界の話や仕事に対する考え方を聞くことは、実務を行う上で大変参考になり、有意義なものとなります。また、相手のことを知り、こちらのことを知ってもらえれば、その時には仕事に繋がらなくとも「何かあれば声をかけるね」と言ってもらえることもあります。実際に知り合ってから何年か経った後に突然相談者を紹介されることもあります。

使い古された言い方かもしれませんが、様々なところに種をまき、それがやがて花を咲かせ実を結ぶといったところでしょうか。実際に実を結ぶと喜びもひとしおです。たくさんの種をまくには、やはり色々な場所へ足を運び人と会うしかないと思います。人と出会える場所は様々です。異業種交流会やセミナー、勉強会、士業同士の集まり、支部会、自治会など、すぐには仕事に結び付かないかもしれませんが、我々の仕事は人とのつながりで広がっていくのではないかと考えています。

近年はホームページやフェイスブックなどSNSを利用した営業活動に注力している専門家もいます。筆者はネット関係に疎いので詳細はわかりませんが、開業当時はWEB制作会社やコンサルティング会社等から営業を受けることも多いので、興味のある方は相談してみるのも一つです。

初めのうちはなかなか仕事の問い合わせは少ないかもしれません。そういった方は積極的に所属する行政書士会の支部活動へ参加してみてはいかがでしょうか。支部主催の相談会等で、相談員として実際に相談を受けると、実務経験が身に付きますし、諸先輩方の相談を間近で見学することもできます。また支部活動に顔を出していると、営業活動などで行き詰った時に、先輩方に相談することもできますので、興味があればぜひ一度参加してみてください。

業務の流れ

業務の知識を身に付け、営業をして実際に相談者からの問い合わせが来るといよいよ実務に取り掛かることになります。ここでは相談者から相続の電話相談がかかってきた場合の実務の流れを紹介します。あくまで筆者の場合ですので、参考にしていただき、皆さんがより良いように創意工夫してみてください。

・　電話相談
⬇
・　相談票の作成
⬇
・　面談
⬇
・　登記情報の取得
⬇
・　戸籍謄本等の収集
⬇
・　相続関係説明図（法定相続情報一覧図）の作成
⬇
・　評価証明書、名寄帳の取得
⬇
・　（法務局調査）
⬇
・　金融機関・証券会社へ連絡・書類収集
⬇
・　遺産分割協議書等押印書類の作成
⬇
・　押印書類の受領・各種相続手続き、司法書士等への引継ぎ
⬇
・　相続手続き完了後、請求
⬇
・　費用清算後、納品、業務完了

（戸籍謄本等の収集～遺産分割協議書等押印書類の作成）同時進行で進められるものは進める

＊　筆者の事務所では相談から依頼につながった場合、概ね上記の流れで業務を進めています。

電話相談

初回相談が電話の場合、お互い初めての状態で会話をしますので、相談者が緊張していることがあります。相談者が話しやすいように、こちらは相槌や質問により、緊張をほぐしながら、必要な情報を得る必要があります。

筆者は電話では根ほり葉ほり聞くことはせず、必要最小限の確認に止めるように心がけています。電話相談のみを希望している方は別として、相続の相談の場合、実際に会って相談したいという方が多く、面談時に詳細を聞くことができると考えているからです。こちらからは、相談者の氏名、住所、連絡先、被相続人の氏名と関係性、家族構成などを確認するのみです。あとは相談者に自由に話してもらい、話を遮らず、気になったところはメモを取っておきます。

相談者の中には話が上手くまとめられず、こちらに内容が伝わらないことにストレスを感じる方もいますので、詳しくは会った際に確認する旨を伝えて少しでも電話での負担を軽減するようにしています。

もちろん相談者の中には気になっていることをこの電話で直に知りたいという方もいますので、そういう方にはきちんと対応します。しかしながら電話ではこちらが答えたことが意図どおり相手に伝わっておらず、勘違いして覚えてしまうこともあるので、注意は必要です。

相談者にとっては日常聞きなれない単語が出てきたり、大切な家族を失って気落ちしていたり、相談者自身が高齢で記憶が曖昧だったり、様々な事情があります。目に見えない相手とのコミュニケーションは、慣れている人間でも相手が初めて話す方ではなかなか難しいことだと思います。

筆者が特に気を付けていることは話すスピードです。電話口では早口になりがちなので、相手よりゆっくり話すことを心がけています。話が落ち着いた段階で、面談日程の調整を行い、当日用意してもらいたいものを案内します。例えば、不動産の相続手続きであれば、納税通知書や権利証、その他こちらに見てもらいたい書類や質問したいことに関する資料等があれば用意してもらいます。あとは、被相続人と相続人のそれぞれの本籍を当日確認させてもらう旨を伝え、面談時に依頼となった場合には契約書や委任状等に押印するため、認印の用意もお願いしています。

他の専門家の中には電話相談のヒアリングこそ全てで、面談前の電話相談に重きを置いている事務所もあります。確かに面談前に詳細について把握しておけば相談を受ける側としては事前に調べることもでき、何を聞かれるかもわかっているので安心だと思います。結果的に相談者にとっても面談時に相談内容をわかっておいてもらえることはありがたいことなのかもしれません。

しかし、それでも筆者は電話でのトラブルを防ぐためにも、詳細については直接会ってからのヒアリングをお勧めします。もちろん皆さんの向き不向きがありますし、何よりも相手方、相談者の性格によるところが大きいので、臨機応変に対応することが前提です。

相談票の作成

相談票とは電話相談の際にヒアリングした内容を記載した用紙のことをいいます（図表２－２）。筆者の事務所で使用している呼称なので、他の事務所では顧客簿や承り書等と呼ばれているかもしれません。あるいは特にそういったものは用意していないかもしれません。

この用紙に相談者と打ち合わせした内容や調査結果、業務の進捗状況等を全て記載し、相談票を見れば、一目で状況がわかるようにしておきます。案件が増えていくと、同時進行でいくつもの業務をこなしていくため、相談者と打ち合わせした内容等を失念してしまわないように、しっかりと記録しておく必要があります。また、補助者が増えてきた際にも相談票で情報を共有することができますので、相談票の作成をお勧めします。

図表2-3　相談票

相続　相談票　　【担当者　　　　　　】

受託日（訪問日）	令和２年４月15日（水）10時00～	受託者（訪問者）	

面接場所		相続人	相	分	戸	住	印
被相続人	〇〇　〇〇様（　　）戸・住						
本　籍							
〒	住所　東京都北区〇〇〇〇						
相続人代表者	氏名　〇〇　〇〇　様						
ＴＥＬ	０３－〇〇〇〇－８２５６						

電話連絡日・メモ

相続関係概略	相続対象不動産	
	【謄本・評価】	
	所在地番不明土地	あり・なし
	未登記建物	あり・なし
	遺言書	あり・なし

	作成者	チェック	送付者	備考
協議書				
				連絡済・留守
協議書到着日	令和　年　月　日　Tel済・留守			
申請書類	作成者	チェック	送付者	備考
				連絡済・留守
申請日	令和　年　月　日（　）			
補正日	令和　年　月　日（　）			
請求書	作成者	チェック	送付者	備考
				連絡済・留守
入金日	令和　年　月　日（　）			
完了書類送付日	令和　年　月　日　Tel済・留守			

進捗状況		
送付日	内容	到着日

ご紹介会社		フリーＴＥＬ
担当者		
事前案内	有・無	
その他		

預貯金・株等		
	①	④
	②	⑤
	③	⑥

備考

【実費計算表】	内容			計
	報酬	登記免許税	その他	合計
司法書士				
公証役場				
戸籍等収集費用				

郵送料	普通郵便	84×	
	レターPACK 520	520×	
	レターPACK 370	370×	
	書留		
	内容証明		
		合計	

交通費（目的地）	電車	バス	その他	合計

	事前オンライン	事前法務局	完了後オンライン	完了後法務局	合計
謄本					
公図					

面　談

面談で直接依頼者と会う場所は筆者の事務所や相談者の自宅、最寄りの喫茶店等様々です。喫茶店等、外で面談する場合には、相談内容が非常にデリケートであり、個人情報も含まれていますので、声量が大きくならないように注意が必要です。

面談は相談者と直接顔を合わせるので、電話相談よりはお互いに話しやすいと思いますが、基本的に話を聞く側、相談を受ける側としては、電話相談と同じように相談者の話を聞く力が重要になります。慣れないうちは、相手の話しを聞かずに、自身の知識を一方的に伝えるような独りよがりの相談になってしまうことがあります。多くの方はこういった話をするとそんなことはない、自分はきちんと話を聞いて対応できていると思うようですが、意外とできていない方も多いと思います。

相談業務はつまるところ、コミュニケーションの延長です。相手の相談内容や質問を理解し、それに答える、この繰り返しです。必要最低限の知識は必要ですが、仮にその場で答えられなくとも、調べて後日伝えることもできます。こちらがどんなにその分野に精通していてもわからないことはありますし、突然関係のない相談をされることもあります。例えば、相続の相談の際に、関係のない隣人とのトラブルや親族との金銭の貸し借りについて相談を受けることもあります。仮に専門外であったとしても曖昧な答え方や相手が不安を覚える対応をしてしまうと、信頼を得られず、結果として依頼に至らない場合もあります。そうならないためにも初めのうちはしっかりと受け答えの練習をして臨むとよいでしょう。

相手の話を聞くというのは、一見簡単そうですが、実は難しい技術です。相談技法（Column 参照）とも呼ばれますが、相談業務においては重要な技術ですので、初めて耳にされた方は一度確認してみてください。

また、相談時に相手へ聞くべきことについてはチェックリストを作成しておくとよいでしょう。相談者の話しに耳を傾けすぎて、聞くべきことを漏らしてしまうと、後日再度ヒアリングを行うといった二度手間になってしまいます。上記の点に注意し、一通り話を聞き終えたら、相談者に用意してもらった資料を確認し、行うべき手続きの全体が把握できれば、どういった手続きを行うのか説明をします。その上で、相談者自身で行える手続きと行政書士に依頼する手続きとを検討してもらいます。その際、もし依頼する場合にはどのくらい費用が掛かるのか、おおよその金額についても案内します。提示した料金で納得されれば契約となり、正式受任となります。

この時に当然ですが、契約を無理強いしてはいけません。相談者の中には折角話を聞いてもらったのだから、断るのは申し訳ないという気持ちから依頼するという方もいます。もちろんそれでも構わないのですが、料金や依頼内容に納得していないまま、契約をしてしまうと後々トラブルの原因にもなりかねません。筆者は、その場では相手方の意向がない限り契約せず、依頼する場合には後日改めて連絡するように伝えています。そうすることで相手方にとっても自分にとっても納得した上で業務を行えます。相手方との信頼関係を築くことは業務を進める上で重要なのは言うまでもありません。受任後も相談者から質問や説明を求められる機会は幾度となくありますので、その際にも誠実に対応するよう心掛け、依頼者との信頼関係を傷つけないようにしましょう。

Column 相談技法——傾聴

東京都行政書士会行政書士 ADR 東京では相談業務における傾聴について紹介しています。ここで言う傾聴とは、米国の心理学者でカウンセリングの第一人者であるカール・ロジャーズによって提唱された「積極的傾聴（Active Listening）」のことを指します。ロジャーズは、自らが行ったカウンセリングの事例を分析し、カウンセリングが有効であった事例に共通していた、聴く側の３要素を挙げています。

１つ目の要素は**共感的理解**（**empathy, empathic understanding**）で、相手の話を、相手の立場に立って、相手の気持ちに共感しながら理解しようとすることです。

次に**無条件の肯定的関心**（**unconditional positive regard**）で、相手の話を善悪の評価、好き嫌いの評価を入れずに聴くことです。相手の話を否定せず、なぜそのように考えるようになったのか、その背景に肯定的な関心を持って聴くことにより、話し手は安心して話ができるのです。

最後は**自己一致**（**congruence**）です。聴き手が相手に対しても、自分に対しても真摯な態度で、話がわかりにくい時はわかりにくいことを伝え、真意を確認します。わからないことをそのままにしておくことは、自己一致に反するとういう考え方です。

以上はカウンセリングにおける提言ではありますが、行政書士の相談業務においても広く応用できると思います。

具体的に言えば、「共感的理解」に基づく傾聴とは、相談者の話を聴くときに、相談者の立場（近親者を亡くしている等）になって相手の気持ちに共感しながら聴くことです。「無条件の肯定的関心」を持った傾聴とは、相談者の話す内容が、被相続人や他の相続人を一方的に責める内容であったり、極論、違法な内容を含む相談であっても、初めから否定することなく、なぜそのようなことを考えるに至ったのか関心を持って聴くことです。「自己一致」に基づく傾聴とは、相談を受ける側が、もし相手の話の内容にわからないところがあれば、そのままにせず聴きなおして内容を確かめ、相手に対しても自分に対しても真摯な態度で聴くことです。

傾聴は繰り返し訓練することにより身に付けられる技術であると思います。東京都行政書士会行政書士 ADR 東京の研修会等でも講義を受けることができますので、興味のある方は是非受講してみてください。

以降では実務における資料収集や書類作成ついて記載しますが、登記情報の取得、法務局調査については第３章にて説明します。

戸籍等の収集

相続手続きを行うには必要な書類がいくつかありますが、必ずと言っていいほど必要となるのは戸籍謄本等です。戸籍謄本等を取得することにより、被相続人は誰なのか、その相続人は誰で何人いるのかを確認することができます。

面談の際に相談者には亡くなった方の氏名とその相続関係は確認しているのですが、あくまで相談者からのヒアリングに基づくものであり、各種手続きを行う際にはその手続き書類の提出先において相続関係を証明する書類の提出が求められます。この証明書類となるのが戸籍謄本等です。戸籍謄本“等”と記載しているのは、戸籍謄本等にはいくつか種類があるからです。代表的なものをいくつか紹介します。

● 戸籍謄本（こせきとうほん）

日本国籍を有する者の身分関係を証する書面です（図表2－4）。戸籍内の者が婚姻や死亡すると「除籍」という記載がなされ、その者は戸籍から抜けたことになります。

婚姻等により除籍となった場合は新たな戸籍謄本が作られますが、死亡の場合にはその戸籍が最後の戸籍となります。

【図表2－4】の見方

①友男が亡くなった日を確認します。※この日が相続開始日となります。

②戸籍改製が行われた日で、【図表2－4】の戸籍謄本はこの日からの情報が記載されています。※武蔵野市に改製前の戸籍を請求する必要があります。

①②より、改製が行われた平成15年6月1日から、友男が亡くなる平成31年4月30日までの友男に関する情報が記載されていることがわかります。

③婚姻前の従前戸籍を確認することができます。相続手続きを行う場合、基本的に死亡から出生まで遡った全ての戸籍謄本等が必要となりますので、③の行政にも戸籍謄本等を請求します。

注：この時点では他に相続人がいるかの判断はできません。子供がいた場合でも、平成15年6月1日よりも前に婚姻等により除籍されている可能性があります。

図表2-4　戸籍謄本

全部事項証明

本　籍 氏　名	東京都武蔵野市北町〇丁目〇番地 桜田　友男
戸籍事項 戸籍改製	 【改製日】平成15年6月1日　② 【改製事由】平成6年法務省令第51号附則第2条第1項による改製
戸籍に記録されている者 除　籍	【名】友男 【生年月日】昭和30年1月1日　【配偶者区分】夫 【父】桜田　和男 【母】桜田　久子 【続柄】長男
身分事項 出　生	【出生日】昭和30年1月1日 【出生地】東京都北区 【届出日】昭和30年1月5日 【届出人】父
婚　姻	【婚姻日】昭和55年6月1日 【配偶者氏名】田中　花子 【従前戸籍】東京都北区赤羽〇丁目〇番地　桜田　和男　③
死　亡	【死亡日】平成31年4月30日　① 【死亡時分】午後0時30分 【死亡地】東京都〇〇区 【届出日】令和元年5月1日 【届出人】親族　桜田花子
戸籍に記録されている者	【名】花子 【生年月日】昭和27年3月1日　【配偶者区分】妻 【父】田中　一郎 【母】田中　洋子 【続柄】長女
身分事項 出　生	【出生日】昭和27年3月1日 【出生地】東京都中野区 【届出日】昭和27年3月5日 【届出人】父
婚　姻	【婚姻日】昭和55年6月1日 【配偶者氏名】桜田　友男 【従前戸籍】東京都中野区東中野〇丁目〇番地　田中一郎
	以下余白

発行番号　000001

これは戸籍に記載されている事項の全部を証明した書面である。

令和　　年　　月　　日

東京都武蔵野市長

● 改製原戸籍（かいせいげんこせき）

時代の変遷に伴い、法律の改正が行われ、「戸籍謄本」が“改製”されることがあります。改製されると本籍地はそのままに新たな戸籍謄本が作られます。この新しくなる前（改製前）の戸籍謄本のことを改製原戸籍といい、「かいせいはらこせき」、「はらこせき」と呼んだりもします（図表２－５）。

新しい戸籍謄本には、改製前において婚姻により除籍したものの記載や亡くなったものの死亡した旨の記載はされません。

【図表２－５】の見方

①戸籍改製により、平成15年６月１日に改製原戸籍が削除されたことがわかります。

②平成13年４月25日に北区赤羽から武蔵野市北町へ転籍してきたことが分かります。

①②より、転籍日の平成13年４月25日から改製原戸籍が削除される平成15年６月１日までの友男に関する情報が記載されていることがわかります。

③二男の武が婚姻により除籍していることがわかります。相続手続きでは相続人の現在の戸籍も必要となりますので、転籍先の行政に相続人の戸籍を請求します。

注：武は二男ですので、この改製原戸籍が作成されるよりも前に長男が死亡や婚姻等により、除籍されていることが推察されます。

図表2-5　改製原戸籍

改正原戸籍

平成六年法務省令第五十一号附則第二条第一項による改製につき

平成拾五年六月壱日削除㊞　①

本籍	東京都武蔵野市北町〇丁目〇番地	氏名	桜田　友男

平成拾参年四月弐拾五日東京都北区赤羽〇丁目〇番地
から転籍届出㊞　②

昭和参拾年壱月壱日東京都北区赤羽〇丁目〇番地で出生父桜田和男届出同月五日 受附入籍㊞ 田中花子と婚姻届出昭和五拾五年六月壱日受附㊞ 東京都北区赤羽〇丁目〇番地桜田和夫戸籍より入籍㊞	父　亡　桜田　和男 母　亡　久子	長男	夫　友男 出生　昭和参拾年壱月壱日
昭和弐拾七年参月壱日東京都中野区東中野〇丁目〇番地で出生父田中一郎届出 同月五日受附入籍㊞ 昭和五拾五年六月壱日桜田友男と婚姻届出東京都中野区東中野〇丁目〇番地田中一郎戸籍 より同月五日入籍㊞	父　亡　田中　一郎 母　亡　洋子	長女	夫　花子 出生　昭和弐拾七年参月壱日
昭和五拾七年六月壱日東京都北区赤羽〇丁目〇番地で出生父桜田友男届出 同月五日受附入籍㊞ 平成拾四年六月壱日高橋舞子と婚姻届出同月五日東京都△△区長から送付 東京都武蔵野市北町〇丁目〇番地に夫の氏の新戸籍編製につき除籍㊞　③	父　桜田　友男 母　花子	二男	武 出生　昭和五拾七年六月壱日

この謄本は、原戸籍の原本に相違ないことを認証する

令和弐年〇月〇日

東京都武蔵野市長　〇〇　〇〇　印

● 除籍謄本（じょせきとうほん）

戸籍内の者が全員婚姻や死亡、又は他市区町村へ本籍地を移転したことにより、全員に「除籍」の記載がなされると「戸籍謄本」が「除籍謄本」となります（図表２－６）。

新しい本籍地の戸籍謄本には、前の本籍地において婚姻により除籍したものの記載や亡くなったものの死亡した旨の記載はされません。

【図表２－６】の見方

①戸籍改製により、昭和 33 年４月 25 日に戸籍が作成されたことがわかります。

②婚姻により、昭和 55 年６月１日に本戸籍から除籍したことがわかります。

①②より、戸籍作成日の昭和 33 年４月 25 日から、婚姻により除籍した昭和 55 年６月１日までの友男に関する情報が記載されていることがわかります。

③④より、戸籍に記載された者が全員除籍したため、平成４年２月９日に本戸籍が削除された（除籍謄本となる）ことがわかります。

注：被相続人桜田友男は昭和 30 年１月１日生まれなので、厳密に言うと、この時点では出生まで遡った戸籍謄本等はそろっておりません（友男が３歳からの記録）。登記申請や一部金融機関では出生まで遡った戸籍謄本等がなくとも、６～９歳くらいまで遡った戸籍謄本等があれば、相続人が増える可能性（それ以前に子供がいる可能性）が極めて低いため、手続きを行うことができます。しかしながら、法定相続情報一覧図の申請や金融機関の一部では、法律や内部規約により出生まで遡った戸籍がなければ、受け付けられないという場合もありますので、合理的ではありませんが、出生まで遡った戸籍謄本等を集めておく方が賢明です。

図表2-6　除籍謄本

除籍

本籍　東京都北区赤羽〇丁目〇番地
氏名　桜田　和男

昭和参拾弐年法務省令第弐拾七号により昭和参拾参年四
月弐拾五日本戸籍改製㊞　①
平成四年弐月九日削除㊞　④

出生事項（省略）
婚姻事項（省略）
死亡事項（省略）

父　亡　桜田　正男
母　亡　たえ
長男
夫　和男
出生　昭和九年六月壱日

出生事項（省略）
婚姻事項（省略）
婚姻解消（夫死亡による）事項（省略）
平成四年弐月五日午前六時東京都△△区で死亡同月七日親族桜田友男届出
同月九日同区長から送付除籍㊞　③

父　亡　鈴木　一郎
母　亡　はる
二女
夫　久子
出生　昭和壱拾年八月壱日

昭和参拾年壱月壱日東京都北区赤羽〇丁目〇番地で出生父桜田和男届出
同月五日受附入籍㊞
昭和五拾五年六月壱日田中花子と婚姻届出同月五日東京都△△区長から送付
東京都北区赤羽〇丁目〇番地に夫の氏の新戸籍編製につき除籍㊞　②

父　亡　桜田　和男
母　亡　久子
長男
友男
出生　昭和参拾年壱月壱日

この謄本は、除籍の原本に相違ないことを認証する

令和弐年〇月〇日

東京都北区長　〇〇　〇〇　印

● 戸籍の附票

本籍地において戸籍謄本とともに管理されており、その戸籍に記載されている在籍者の住所の異動履歴が記載されています（図表２－７）。疎遠になった相続人に連絡を取りたい場合に、被相続人の戸籍を遡ることにより、相続人の現在の戸籍を確認することはできますが、それだけでは住所がわからず、連絡を取ることができません。その際に戸籍謄本とあわせて戸籍の附票を取得することにより、現在の住所を確認することができます。

【図表２－７】の見方

①亡くなった時点の住所、被相続人の最後の住所が記載されています。

②前住所が記載されています。

③法改製により、戸籍の附票を請求する際に、本籍地の記載を求めない限り、原則本籍地の記載は省略されます。相続手続きにおいては本籍地の記載により戸籍謄本等との繋がりを確認されることもあるので、不都合がない限りは、本籍の記載もお願いしましょう。

図表2-7　戸籍の附票

全　部　証　明

本　　籍 氏　　名	東京都武蔵野市北町○丁目○番地　③ 桜田　友男
改製日	【改製日】平成１５年６月１日
附票に記載されている者 【除票】 平成31年4月30日	【名】　友男 【住所】　東京都武蔵野市中央○丁目○番地　① 【住定日】　平成26年3月3日
	【住所】　東京都武蔵野市北町○丁目○番地　② 【住定日】　平成14年5月10日
附票に記載されている者	【名】　花子 【住所】　東京都武蔵野市中央○丁目○番地 【住定日】　平成26年3月3日
	【住所】　東京都武蔵野市北町○丁目○番地 【住定日】　平成14年5月10日

以下余白

発行番号

この写しは、戸籍の附票の原本と相違ないことを証明する。

令和２年○月○日

武蔵野市長　　　　　　　　　　印

被相続人の死亡から出生まで戸籍を遡る

被相続人の相続関係を証明するためには、被相続人の死亡から出生まで遡った全ての戸籍謄本等と相続人全員の現在の戸籍謄本が必要となります。

被相続人の出生から死亡までの全ての戸籍謄本等が必要になるのは、先に説明したとおり、戸籍の性質上、新しい戸籍謄本には婚姻前や転籍前の除籍謄本や改製原戸籍の記録から引き継いでいない情報があるからです。図表２－８の例で被相続人の死亡から出生まで戸籍を遡ってみましょう。

図表2-8　被相続人・桜田友男の死亡から出生まで戸籍を遡る

昭和30年	北区において友男出生
昭和33年	昭和32年法務省令による改製
昭和55年	妻・花子と婚姻により新戸籍編成
平成12年	長男・宏婚姻により除籍
平成13年	北区より武蔵野市へ本籍を移転
平成14年	次男・武婚姻により除籍
平成15年	平成６年法務省令による改製
平成31年	武蔵野市において友男死亡

- 武蔵野市にて死亡記載がある戸籍謄本を取得 ①
- → 武蔵野市にて改製原戸籍を取得 ②
  ＊転籍により編成された戸籍
  ＊次男の婚姻による除籍記載
- → 北区にて除籍謄本を取得 ③
  ＊婚姻により編成された戸籍
  ＊長男の婚姻による除籍記載
- → 北区にて除籍謄本を取得 ④
  ＊友男の婚姻前の戸籍
- → 北区にて改製原戸籍を取得 ⑤
  ＊友男の出生時の戸籍

死亡記載のある戸籍謄本を取得した時点（①）では、配偶者の記載はあるので相続人である妻の花子の存在はわかりますが、友男に子供がいるかどうかわかりません。そこで死亡から出生まで遡って編成された全ての戸籍謄本等を取得することにより、友男に子供が何人いるのか、相続人の人数を把握することができます（②~⑤）。

仮に友男に離婚歴があり、前妻との間に子供がいて、現在の配偶者や息子たちがそのことを知らなくとも戸籍謄本を遡ることによりそれらの事実を確認することができます。同じように婚姻はしていなくとも、認知した子供、養子縁組の事実なども戸籍を遡ることにより浮き彫りとなります。

それゆえ、相続手続きにおいて手続き先である法務局や銀行等においては、手続き書類に記載のある相続人以外に相続人となるべき人物がいないのか確認するために被相続人の死亡から出生まで遡った戸籍謄本等の提出を求めています。

相続人の現在の戸籍謄本も提出しますが、これは相続人が死亡していないか（相続人も亡くなっていた場合にはその子供や配偶者等、相続人が増える可能性あり）、実際に存在するのか、同姓同名の別人ではないのかを確認するために必要となります。

相続関係説明図（法定相続情報一覧図）の作成

相続手続きにおいては相続関係の確認が重要となります。そのために戸籍謄本等を取得して、相続関係を把握する必要があります。しかし、前述したとおり、相続関係を正確に把握しようとすると、被相続人の死亡から出生まで遡った戸籍謄本等や相続人全員の現在の戸籍謄本を収集しなくてはなりません。

相続関係が妻と子供だけであれば、戸籍謄本等の通数もそこまで増えませんが、被相続人が転籍を繰り返していたり、子供が先に亡くなっていて代襲相続が発生していたりする場合などには通数が増えていきます。

仮に被相続人に子供がおらず兄弟相続の場合には、兄弟の数にもよりますが、何十通もの戸籍謄本等が必要となることもあります。その際に、提出先はもちろんのこと、自身で相続関係を確認するときなど、相続関係説明図があれば一目で相続関係を把握することができます。

法務局における不動産の相続手続き（相続登記）の際にはこの相続関係説明図の提出も同時に求められます。預貯金や株の手続きの際には必要書類となっていない場合もありますが、窓口で戸籍謄本等と一緒に提出すると相続関係の把握が容易くなり、喜ばれます。

かつては、相続関係説明図を提出しても、相続手続きの度に戸籍謄本等の束を提出先へ何度も提出し、その都度戸籍謄本等が全て揃っているのかチェックを受ける必要があり、相続人にとっても手続き機関にとっても時間と手間がかかり、負担となってしまいました。

そこで2017年（平成29年）5月29日より全国の法務局（登記所）において、各種相続手続きに利用することができる「法定相続情報証明制度」[1]が始まり、相続人は法務局において認証文を付した「法定相続情報一覧図」（図表２－９）を各種手続き機関に提出することにより、戸籍謄本等を何度も提出し、チェックを受けるということがなくなりました。

1　法定相続証明制度の具体的な手続きについては法務局のホームページで紹介されています (http://houmukyoku.moj.go.jp/homu/page7_000014.html)。

図表2-9　法定相続情報一覧図

法定相続情報番号　1111−11−11111

被相続人　　桜田友男　　法定相続情報

最後の住所
東京都武蔵野市中央○丁目○番地
最後の本籍
東京都武蔵野市北町○丁目○番地
出生　昭和30年1月1日
死亡　平成31年4月30日
（被相続人）
桜田友男

住所　東京都武蔵野市中央○丁目○番地
出生　昭和27年3月1日
（妻）
桜田花子

住所　東京都品川区戸越○丁目○番○号
出生　昭和56年4月1日
（長男）
桜田宏　　　　　　　（申出人）

住所　埼玉県所沢市大字下安松○番地○
出生　昭和57年6月1日
（二男）
桜田武

以下余白

作成日：　　　令和2年11月17日
作成者：　住所　東京都北区赤羽二丁目21番2号
SD. Building2F
氏名　行政書士　帆秋啓史　　印

これは、令和2年11月20日に申出のあった当局保管に係る法定相続情報一覧図の写しである。

令和2年11月20日
東京法務局府中支局

登記官　　　　○○　○○　　印

注）本書面は、提出された戸除籍謄本等の記載に基づくものである。相続放棄に関しては、本書面に記載されない。また、相続手続以外に利用することはできない。　　整理番号　S01111　　1/1

評価証明書・名寄帳の取得

評価証明書や名寄帳は各市区町村の固定資産税の窓口や東京23区等では都税事務所にて取得ができます。これらを取得する理由は相続財産の把握と調査です。評価証明書や名寄帳には評価額が記載されており、土地や建物の評価金額を確認することができます。遺産分割協議を行う際に一つの目安となります。また、名寄帳には所有不動産が一覧で記載されますので、相続人が把握していない不動産や未登記の建物等を見つけることもできます。

Column 不動産価格の評価

遺産分割協議を行う際に不動産の価格を確認したい場合、不動産価格を算出するのに何を基準にするかによって、その不動産の価格は変わってきます。例えば、相続人の中には「この不動産を売った場合にはいくらくらいですか」と質問される方もいますが、それは実際に売却してみないことにはわかりません。不動産売買も結局は需要と供給なので、買いたいという方がいれば、高くても売れるでしょうし、逆に買いたい方がいなければどんなに安くしても売れないでしょう。

もちろん不動産会社等に相談すれば、近隣の過去の取引価格等から売却見込み額を査定することはできるでしょうが、不動産会社によっても提示する金額は異なるので、どの金額を採用するかで相続人同士でもめる可能性もあります。不動産鑑定士に鑑定してもらうこともできますが、鑑定料がかかってしまいますので、相続人間で裁判するほどもめていないのであればそこまではしないというケースが多いようです。

時価に近いものとして信頼性が高いものは、地価公示価格といわれています。地価公示制度は、一般の土地の取引価格に対して指標を与え、公共用地の取得価格の算定に資するとともに、適正な地価の形成に寄与することを目的としているからです。しかし、公示されるのは標準地の㎡単価であり、土地ごとの評価額ではありません。標準地と対象土地の立地や地形など条件が同一ではないため、算定にあたっては修正が必要になることもあります。

　最終的に何を基準にするかは相続人間の話し合いで決まりますが、筆者が関わったケースでは、比較的評価がわかりやすい評価額や路線価を基準にするケースが多いように感じます（調停や裁判に至らないケース）。路線価を基準にする場合は、路線ごとの路線価格を参考に自身の土地の価格を計算により算出しますので、地価公示価格と同じような修正が必要となります。それゆえ、どちらかというと土地や建物ごとに価格が算出され、評価証明書という証明書類に記載された金額を信用して、基準にされている方が多いようです。ただし、固定資産税評価額は一般的に地価公示価格の約７割（路線価は約８割）を目途に設定されており、相続人の立場により有利不利が出てきてしまいます。また、相続税の申告や調停等の裁判手続きが係わる場合は不動産の評価は慎重にすべきですので、その際には税理士や弁護士にお任せするのが賢明だと思います。

　いずれにせよ、どの不動産評価を基準にしてもメリット・デメリットがありますので、不動産の価格を評価する際には総合的な判断が必要となります。

金融機関・証券会社へ連絡、書類収集

　預貯金や株の相続手続きは各種金融機関・証券会社等で手続きを行いますが、それぞれ手続き書類が用意されています。必要書類はそれぞれの手続き先で異なりますが、概ね以下の書類が求められます。

- 「被相続人の死亡から出生まで遡った全ての戸籍と相続人全員の現在の戸籍」又は「法定相続証明情報の一覧図」
- 「遺産分割協議書及び相続人全員の印鑑証明書」又は「遺言書（自筆証書遺言の場合は家庭裁判所で検認済みのもの）」
- 被相続人の口座がわかる通帳など（わからなければ窓口で調べてもらうこともできる）

口座解約後の振込手続きの際には預貯金や株式を引き継ぐ相続人の振込先や特定口座も必要となりますので、事前に相続する方へ確認しておきましょう。

遺産分割協議書等押印書類の作成

被相続人が遺言書を作成していない場合に、相続手続きを行う際には遺産分割協議書の提出が求められます。

相続人と相続財産が確定したのち、相続人全員で遺産分割協議を行い、相続財産の分配方法や取得者を決定します。その協議に基づいて協議書を作成し、相続人全員が署名、押印（実印での押印）します。手続きを行う側は遺産分割協議書の中身から誰が相続財産を引き継いだのか、そのことに相続人全員が同意しているのかを確認します。

遺産分割協議書のひな型はインターネットや書店においても様々なものが紹介されています。筆者の事務所で使用している遺産分割協議書も参考に紹介しておきます（図表２－10)。

図表2-10　遺産分割協議書の見本

見本

花子様捺印　　宏様捺印　　武様捺印

遺　産　分　割　協　議　書

被　相　続　人　桜田　友男　（平成３１年４月３０日死亡）

最 後 の 住 所　　東京都武蔵野市中央〇丁目〇番地
最 後 の 本 籍　　東京都武蔵野市北町〇丁目〇番地
登記簿上の住所　　武蔵野市北町〇丁目〇番地

の遺産について、同人の相続人において分割協議を行った結果、次のとおり決定した。

１．　桜田　花子　が取得する遺産

◇　土地　持分２分の１
所　在　地　番　　武蔵野市中央〇丁目　〇番〇
地　目　地　積　　宅地　１００．０５㎡

◇　預貯金
ゆうちょ銀行における下記を含む一切の取引
通常貯金　記号番号　１２３４５－１２３４５６７　　残高全額

〇〇〇〇銀行吉祥寺支店における下記を含む一切の取引
普通　０１１１１１　　残高全額
定期　１１１１１１－０１１　残高全額

〇〇〇市農業協同組合北支店における下記を含む一切の取引
普通　１１１１１１　　残高全額
定期　１２３４５６７８　残高全額

２．　桜田　宏　が取得する遺産

◇　土地　持分２分の１
所　在　地　番　　武蔵野市中央〇丁目　〇番〇
地　目　地　積　　宅地　１００．０５㎡

◇　建物
所　　　在　　武蔵野市中央〇丁目〇番地〇
家　屋　番　号　　〇番〇
種　類　構　造　　居宅　木造スレート葺２階建
床　面　積　　１階　　６５．００㎡
２階　　４３．０６㎡

以上のとおり、相続人全員による遺産分割協議が成立したので、これを証するため本書を作成し、署名捺印する。なお、他に相続人はいない。

令和２年　　月　　日

【相続人　桜田　花子　様の署名捺印】

（住　所）　桜田　花子様のご住所

（氏　名）　桜田　花子様のお名前

花子様
ご実印

【相続人　桜田　宏　様の署名捺印】

（住　所）　桜田　宏様のご住所

（氏　名）　桜田　宏様のお名前

宏様
ご実印

【相続人　桜田　武　様の署名捺印】

（住　所）　桜田　武様のご住所

（氏　名）　桜田　武様のお名前

武様
ご実印

遺産分割協議書のほかにも、預貯金、株、車等の相続手続きの依頼を受けている場合には、併せて委任状や相続人の署名・押印が必要な手続き書類を準備します。署名・押印等を何度も相続人へお願いするのは、相続人にとっても負担となりますので、できるだけ一度で済むようにしましょう。

押印書類の受領・各種相続手続き、司法書士等への引継ぎ

押印書類を相続人から受け取った後は、各種手続き先の窓口又は郵送で相続手続きを行います。不動産の相続手続きがある場合には、司法書士に所有権移転登記（相続登記）の手続きを進めてもらいます。

相続手続き完了後、請求

筆者の事務所では相続手続きが全て完了したのち、郵送料や戸籍等収集費用等実費分を計算し、依頼者へ請求手続きを行います。報酬については見積もり時から変更はありませんが（見積もり後に別件依頼があった場合は除く）、実費分は実際にかかった金額を請求するので、見積もり時とは増減があります。その旨は事前に伝えていますが、見積もり時には多めに伝えているので、基本的には見積金額より請求金額が高くならないようにしています。

費用精算後、納品、業務完了

入金確認後、相続関係書類（戸籍謄本等）や各種手続き完了書類及び領収書を依頼者へ納品します。ここまでで依頼に基づく業務は全て完了となりますが、行政書士は業務を行った場合には帳簿の備付と保存が義務付けられています（行政書士法第９条）ので、業務完了後には必ず事件簿（帳簿）を作成し、依頼内容がわかるように残資料を保管しておきましょう。

行政書士法第９条（帳簿の備付及び保存）

1　行政書士は、その業務に関する帳簿を備え、これに事件の名称、年月日、受けた報酬の額、依頼者の住所氏名その他都道府県知事の定める事項を記載しなければならない。

2　行政書士は、前項の帳簿をその関係書類とともに、帳簿閉鎖の時から２年間保存しなければならない。行政書士でなくなったときも、また同様とする。

第3章

法務局と登記情報提供サービス

この章では不動産の実務を行う上で欠かせない法務局と登記情報提供サービスについて紹介します。

法務局と不動産実務の関わり

法務局は市役所等とは違い、日常生活で関わる機会はほとんどないので、多くの方はどのような場所かおよそ見当がつかないと思います（法務局は登記所とも呼ばれることがあるが、基本的に同じもの）。全国に８か所ある法務局を筆頭に、42か所ある地方法務局、その出先機関として支局と出張所があります（以前は全国の至る所に出張所があったが、現在は閉鎖・統合によりその数を減らしている）。

法務局の取扱業務は大きく分けて登記、供託、戸籍、国籍、総務、人権擁護の事務を行っており、出張所では主に登記の事務を行っています。このうち不動産実務において最も関わりがあるのが登記業務です。登記業務は不動産登記、商業・法人登記、動産譲渡登記、債権譲渡登記、成年後見登記に部門が分かれています。建設業許可や成年後見業務を取り扱っている行政書士であれば登記されていないことの証明等を取得するために成年後見部門に行ったことがあるかもしれません。

不動産実務においては、当たり前ですが不動産登記が重要となります。不動産登記は不動産に関する物件変動の対抗要件（民法第177条）としてご存じだとは思いますが、不動産の売買や贈与そして相続や遺言書の相談があると、必ずと言っていいほど不動産の謄本を確認します。なぜなら基本的に日本国内に存在する全ての不動産は法務局において登記されているからです（登記もれ、未登記不動産を除く)。

Column 不動産謄本の様々な呼び方

不動産の謄本を取得した際に気付くと思いますが、不動産の謄本のどこにも不動産謄本との記載はありません。昔からの名残で謄本と呼んでいますが、現在は法務局の登記簿もデータ化され、データの内容を証明した登記事項証明書が発行されています。データ化される前は法務局に備えられた紙の登記簿を謄写した証明書を登記簿謄本と呼んでいました(現在も古い登記簿の情報を取得する場合は、紙の登記簿を謄写するので謄本となる場合もあります)。実際のところ、専門家の間でも特に呼び方が固定されているわけではなく、登記事項証明書も登記簿謄本も同じ意味で使われていることがほとんどです。それゆえ、人によって、登記事項証明書や全部事項証明書、又は土地であれば土地謄本、建物は建物謄本等様々な呼び方がされていたとしても、同じものと認識して結構です。

謄本と不動産情報資料の読み方

法務局で謄本を取得し、その内容を確認することにより、その不動産の権利状況を把握することができます。ただし、そのためにはまず最低限謄本を読めるようにならなければなりません。また法務局には不動産の情報を得ることができる公図や地積測量図、建物図面といった資料もあります。これらについても知っておくと不動産の調査をする上で役立ちますので、順番にお話ししていきます。

不動産謄本(全部事項証明書)

謄本は1つの土地や建物に対し、1つずつ存在し、その中身は表題部、権利部(甲区)、権利部(乙区)の3部構成となっており、登記事項がそれぞれ時系列で記載されています。

表題部

謄本の１番上の欄に記載されている部分です。土地であれば「(土地の表示)」(図表３－１内A)、建物であれば「(建物の表示)」と記載されています。ここを見ることによりその不動産がどこにあるのか（所在と地番（土地）又は家屋番号（建物））、どのような利用がされているのか（地目、種類）、どのくらいの広さなのか（地積、床面積）等を知ることができます。表題部は原則現況を表していますので、表題部に記載されている情報は現地の実態に即したものとなります。そのため、登記記録から現地の状況を把握することも可能です（次頁Point参照）。

表題部は登記されている全ての不動産に存在します。建物の新築や公有水面の埋め立て等、新たに不動産が発生した場合に表題登記をすることにより、法務局にその不動産の情報が記録され、以降は請求するとその不動産の謄本を取得することができます。ただし、この時点では表題部のみの謄本となります。後述する所有権の保存登記をすることにより、権利部（甲区）が記載されます。

図表3-1　表題部

表　題　部　A　(土地の表示)	調製　余白	不動産番号	△△△△△△△△△△△△△△
地図番号　余白	筆界特定　余白		
所　在	△△△△区□□□一丁目		余白
①　地　番	②　地　目	③　地　　積　　㎡	原因及びその日付〔登記の日付〕
1番2	宅地	300：00 ：	1番から分筆 〔平成２０年１０月１４日〕
所　有　者	△△△△区□□□一丁目1番1号 民 事 記 子		

（出典：登記情報提供サービス　https://www1.touki.or.jp/pdf/APL40.pdf）

POINT　表題部の情報と現地の状況

本来、表題部の情報は現地の状況に即したものとなるはずですが（表題登記の義務：不動産登記法第36条、第37条、第42条、第47条、第49条、第51条、第57条）、実際には現況と一致していないことは多々あります。例えば建物であれば、増改築を行い、面積が変わっているのにその旨の登記が行われていなかったり、土地であれば、登記簿上の地目が畑なのに現在は家が建てられて宅地として利用されているという場合等です。

これらはその都度、変更を登記記録へ反映すべきですが、そもそも登記というものが一般の方に馴染みがない上、日常生活において、特に法務局や他の行政からも表示登記をするように指導されることがないため、現況が変化した場合に登記が必要ということを知らない方が少なくありません。

それゆえ、もし現況把握や敷地の調査依頼があった場合には表題部の情報は一次的な判断材料とはなりますが、最終的には現地確認を行うことが必要でしょう。

● 権利部（甲区）

権利部（甲区）には所有権に関する事項が記載されており、所有権保存登記がされることにより、甲区が作成されます。「（権利者その他の事項）」（図表３－２内A）を見れば誰が不動産の所有者か確認することができます。基本的に時系列で記載されていますので、最後に所有者と記載されている者が現在の所有者となります。複数人で共有している場合には共有者と記載され、上の段の共有者とその不動産を共同で所有していることになります。

所有者が誰かという情報は大変重要です。相続や贈与等の相談があった場

図表3-2　権利部（甲区）

権　利　部（甲区）　（所有権に関する事項）			
順位番号	登記の目的	受付年月日・受付番号	A 権利者その他の事項
1	所有権保存	平成２０年１０月１５日 第△△△号	所有者　△△△△区□□□一丁目1番1号 民事記子
2	所有権移転	平成２０年１０月２７日 第△△△号	原因 平成２０年１０月２６日売買 所有者　△△△△区□□□一丁目1番2号 法務太郎

（出典：登記情報提供サービス　https://www1.touki.or.jp/pdf/APL40.pdf）

合には、必ず最初に確認します。なぜなら、お母様の相続財産の相談があり、謄本を調べてみると、以前に亡くなられたお父様名義のままで、お父様の遺産分割協議からしなくてはならないといった場合もあるからです。また、息子への贈与予定の不動産が実は相談者ではなくその奥様名義だったということもあります。不動産の実務において所有者情報は重要ですので、相談者の話を鵜呑みにするのではなく、必ず誰が現在の登記名義人（所有者）なのか確認しましょう。

また、甲区が作成されると登記識別情報（オンライン化前であれば不動産権利証）が法務局から通知されます（Point参照）。手元に登記識別情報や不動産権利証（登記済権利証）があれば、中身を確認することにより所有者を判断することもできます。

Point　登記識別情報

従来は所有権保存登記を申請すると法務局から登記済みの印が押された登記済権利証の交付を受けることができました。不動産の権利証といえばこの登記済証のことを指していました。しかし、「不動産登記法」及び「不動産登記法の施行に伴う関係法律の整備等に関する法律」が2005年（平成17年）3月7日に施行され、新法は、登記済証に代わるものとして、「登記識別情報」制度を導入し、登記名義人が次回の登記の申請人として登記を申請する際は、法務局へ当該登記識別情報を提供しなければならないものとしました。

登記識別情報とは、アルファベットと数字がランダムに組み合わさった12桁の暗証番号のようなものです。登記識別情報は登記名義人になった者に通知されますが、通知を受けた者が失念したり、他人に知られたりするといったリスクも想定され、管理上の観点から自ら登記識別情報を失効させる制度も設けられています。

なお、登記完了と同時に登記識別情報の失効の申出を行うことも可能であり、登記申請時に登記名義人となる登記申請人が登記識別情報の通知を希望しない旨の申出をした場合は、当該登記申請人に対し、登記識別情報を通知しないものとしています。

● 権利部（乙区）

権利部（乙区）には所有権以外の権利に関する事項が記載されており、所有権以外の抵当権や根抵当権等の記載がされています（図表３－３）。所有権以外にその不動産に対する権利義務が発生していないのであれば、謄本の乙区欄には何も記載されず、表題部と甲区のみの謄本となります（乙区には必ず、表題部と甲区が必要）。乙区を見ればその不動産の所有権以外の権利関係について把握することができます。

図表3-3　権利部（乙区）

権　利　部（乙区）（所有権以外の権利に関する事項）			
順位番号	登記の目的	受付年月日・受付番号	権利者その他の事項
1	抵当権設定	平成２０年１１月１２日 第△△△号	原因 平成２０年１１月４日金銭消費貸借同日 設定 債権額　金４，０００万円 利息　年２・６％（年３６５日日割計算） 損害金　年１４・５％（年３６５日日割計算） 債務者　△△△△区□□□一丁目1番2号 法　務　太　郎 抵当権者 △△△△区□□□一丁目1番6号 株　式　会　社　○　○　銀　行

＊　下線のあるものは抹消事項であることを示す。

（出典：登記情報提供サービス　https://www1.touki.or.jp/pdf/APL40.pdf）

● 共同担保目録

共同担保目録とは、複数の不動産を担保として提供し、設定された抵当権や根抵当権が登記された後、同一の抵当権でどの不動産に抵当権等が設定されているのかを確認することができる目録のことです（図表３－４）。不動産謄本を請求する際に、共同担保目録の記載を併せて請求することにより、乙区の下の欄に共同担保目録を記載してもらうことができます。

共同担保目録を見れば同一の抵当権が設定された不動産を一目で確認することができます。例えば複数の不動産を所有している方であれば、自分の所有不動産の内、どの不動産に抵当権が設定され、どの不動産が担保に入っていないのかを確認することもできます。

相続の相談を受けた際等、共同担保目録が所有不動産を見つけるのに一役買ってくれる場合もあります。相続人が、被相続人の全ての所有不動産を把握していないような時に、抵当権等の記載が乙区にある場合、共同担保目録を請求すると、他の不動産を所有していれば、共同担保目録に記載されている可能性が高いのです。

なぜ記載されている可能性が高いかというと、抵当権設定当時、お金を融資する側の銀行が事前に財産調査を行い、担保価値のある不動産全てに担保設定をしているからです（融資額にもよる）。銀行としても貸したお金を回収できなければ、業務として成り立たないので、お金を貸す場合には必ず返済してもらわなければなりません。そこで、もし返済が滞ったとしても担保価値のある不動産を差し押さえることができれば、未回収のリスクを回避することができます（所有している不動産は全て抵当に入れておきたいというのが銀行側の心情）。それゆえ、仮に相続人が被相続人の所有不動産を把握していなかったとしても、共同担保目録の記載から不動産を見つけることができる場合があります。

図表3-4　共同担保目録

共同担保目録			
記号及び番号	(る)第○○○号	調製	平成○○年○月○○日
番号	担保の目的である権利の表示	順位番号	予備
1	船橋市習志野台○丁目　○○○○番２の土地	3	余白
2	船橋市習志野台○丁目　○○○○番３４の土地	3	余白
3	船橋市習志野台○丁目　○○○○番４０の土地	5	余白
4	船橋市習志野台○丁目　○○○○番４３の土地	7	余白
5	船橋市習志野台○丁目　○○○○番４０、○○○○番地４３　家屋番号　○○○○番４０の建物	4	余白

＊　下線のあるものは抹消事項であることを示す。

（出典：登記情報提供サービス　https://www1.touki.or.jp/pdf/APL40.pdf）

区分建物謄本

登記上、建物は非区分建物と区分建物という２種類に分類することができます。非区分建物とは戸建住宅やビル等１戸、１棟ごとに登記されているものをいい、区分建物とは分譲マンションのように１棟の建物の中に複数の区分された部屋がそれぞれ登記され、１部屋ごとに独立した所有権が認められるものをいいます。例えば１人のオーナーが所有する賃貸マンション等の場合、部屋ごとに登記がされておらず、１棟をまるごと１つの建物として登記されていれば、非区分建物となります。逆に戸建住宅でも、玄関が２つある等、それぞれ独立性があり、要件を満たした場合は区分建物として登記することもできます。２世帯住宅等では区分建物として登記されていることもあります。

区分建物の謄本は土地や建物（非区分建物）の不動産謄本とは異なり表題部が２つに分かれています。上段の表題部（図表３－５内A）は一棟の建物の表示が記載され、建物全体の階数や床面積、敷地面積等を確認することができます。下段の表題部（図表３－５内B）は専有部分の建物の表示が記載されています。専有部分とは所有者が各別に所有（専有）している部分のことで、共有部分とは異なり、独占して使用することが認められている部分です。専有部分の建物の表示には各部屋の床面積や土地に対する所有権の割合を確認できます。

用語解説

敷地権

マンション等の区分建物の場合、敷地権化（建物謄本に敷地権が設定）されていることがあります。敷地権とは敷地を利用する権利、敷地利用権のことです。区分建物の所有者は、区分された各専有部分を排他的に所有しておりますが、マンション敷地の外から自身の専有部分に辿り着くにはマンション敷地内を通らなければなりません。敷地を自由に利用することができなければ、自身の専有部分に辿り着くことができず、事実上専有部分に居住することはできません。このマンション敷地内を自由に利用することができる権利を敷地利用権といいます。

しかしながら、いくら自由に利用できるとはいえ、この権利を第三者に全部又は一部を譲渡できてしまうと、マンション敷地を第三者が自由に利用できる可能性があります。譲渡した本人は良くとも他の居住者にとってはあまり気持ちの良いものではありませんし、そもそも防犯上、マンションの維持管理上も好ましいものではありません。

そこで、この敷地利用権を建物とは別に処分する（建物は譲渡しないのに敷地利用権のみを譲渡する）こと、分離処分ともいいますが、この分離処分を防ぐために各専有部分の面積割合に応じた敷地の利用権を各専有部分の建物登記記録に反映することにより、土地と建物の権利を一体化されたものが敷地権化された区分建物となります。

これにより、土地と建物を取引する際には敷地権化された建物を登記記録から確認することができ、分離処分ができないことが分かりますし、土地と建物の権利が一体化されていることにより、区分建物の取引が簡略されるといったメリットもあります。

図表3-5　区分建物謄本

専有部分の家屋番号	１２１－１－１０１　～　１２１－１－１０３　１２１－１－２０１　～　１２１－１－２０８ １２１－１－３０１　～　１２１－１－３０８　１２１－１－４０１　～　１２１－１－４０８ １２１－１－５０１　～　１２１－１－５０８　１２１－１－６０１　～　１２１－１－６０８ １２１－１－７０１　～　１２１－１－７０８　１２１－１－８０１　～　１２１－１－８０８ １２１－１－９０１　～　１２１－１－９０８　１２１－１－１００１　～　１２１－１－１００８ １２１－１－１１０１　～　１２１－１－１１０８　１２１－１－１２０１　～ １２１－１－１２０８　１２１－１－１３０１　～　１２１－１－１３０８　１２１－１－１４０１ ～　１２１－１－１４０８

A

表　題　部　（一棟の建物の表示）	調製	余白	所在図番号	余白

所　在	川口市栄町○丁目　○○○番地	余白
建物の名称	○○○○○○川口　ザ　レジデンス	余白

① 構　造	② 床　面　積　㎡	原因及びその日付〔登記の日付〕
鉄筋コンクリート造陸屋根１４階建	１階　３５１：４８ ２階　５２４：２８ ３階　５２４：２８ ４階　５２４：２８ ５階　５２４：２８ ６階　５２４：２８ ７階　５２４：２８ ８階　５２４：２８ ９階　５２４：２８ １０階　５２４：２８ １１階　５２４：２８ １２階　５２４：２８ １３階　５２４：２８ １４階　５２４：２８	〔平成○○年○○月○○日〕

表　題　部　（敷地権の目的である土地の表示）

①土地の符号	② 所 在 及 び 地 番	③地　目	④ 地　積　㎡	登 記 の 日 付
１	川口市栄町○丁目○○○番	宅地	１７３４：４１	平成○○年○○月○○日

B

表　題　部　（専有部分の建物の表示）	不動産番号	０３０６００１２４２０５６

家屋番号	栄町○丁目　○○○番１の○○○	余白
建物の名称	○○○	余白

① 種　類	② 構　造	③ 床　面　積　㎡	原因及びその日付〔登記の日付〕
居宅	鉄筋コンクリート造１階建	５階部分　５１：３３ ：	平成○○年○月○○日新築 〔平成○○年○○月○○日〕

表　題　部　（敷地権の表示）

①土地の符号	②敷地権の種類	③ 敷 地 権 の 割 合	原因及びその日付〔登記の日付〕
１	所有権	６６４５３４分の５４８２	平成２６年１０月２０日敷地権 〔平成２６年１０月２８日〕

所　有　者	東京都中央区○○○室町○丁目○番○○号　○○○○○レジデンシャル株式会社

権　利　部　（甲　区）　（所 有 権 に 関 す る 事 項）

順位番号	登 記 の 目 的	受付年月日・受付番号	権 利 者 そ の 他 の 事 項
１	所有権保存	平成○○年○○月○○日 第４９９９８号	原因　平成○○年○○月○○日売買 所有者　川口市栄町○丁目○番○ー○○○号 ○○○○○○川口ザレジデンス ○　○　○　○
２	所有権移転	令和○年○○月○○日 第３６８６１号	原因　推定令和○年○月○○日から○○日まで の間相続 所有者　東京都国立市○○○○○丁目○番地の ○○○○○○○○○○○○○○ ○　○　○　○
３	所有権移転	令和○年○○月○○日 第３９３７３号	原因　令和○年○○月○○日売買 所有者　東京都千代田区○○○丁目○番地○○ ○○○○○住宅株式会社

＊　下線のあるものは抹消事項であることを示す。

法務局調査

自身や亡くなった親が不動産を所有していても、所在がわからないというケースは、不動産の実務を行う上で多々あります。不動産の所在は住所と異なり、住所がわかっていても所在の地番がわからないと謄本を取得することはできません（所在の地番と住所が一致する場合もある）。

このような場合、不動産の所在を調べる方法はいくつかあります。前述した共同担保目録から調べることもできますし、第２章で述べた評価証明書や名寄帳から探す方法もあります。しかし、権利部（甲区）の項でもお話ししましたが、登記名義人が外形上の所有者と異なる場合、例えば現在の所有者はＡ氏だが、登記簿上の所有者はＡ氏の祖父名義のままになっている場合等は、Ａ氏についていくら前記資料を調査しても不動産が見つからない場合があります。そのような場合には別のアプローチから不動産の所在を調べる必要があります。

その１つがブルーマップから探す方法です。ブルーマップとは住所と登記簿上の所在を対応させた地図のことで、株式会社ゼンリンから出版されています。法務局にはその管轄内のブルーマップが備えられています。しかし、あくまで管轄内のものしか置いていないため、法務局で調べるにはその所在地を管轄する法務局へ足を運ぶ必要があります。調査件数が少なければそれでもいいのですが、件数が多ければ費用も時間もかかってしまいます。その場合には、オンラインサービスを利用することにより、ネット上で地図の閲覧や印刷することが可能です（有料サービスのため費用はかかる）。住所がわかっているのに所在がわからない場合にはこの方法で調べることができます。

しかし、建物は所在がわかっても、家屋番号がわからないと謄本を取得できないことがあります。同一所在地番の土地上に複数の建物が建っている場合等です。家屋番号に枝番が付されることがありますし、古い建物であれば、そもそも所在地番と家屋番号が一致していないことがよくあります。そういった場合には底地上検索をすることにより建物を見つけることができます。土地の所在まで特定できていれば、その土地上の建物を全て検索することにより、家屋番号を確認することができます。その際に複数の家屋番号が見つかった場合、管轄法務局であれば所有者名で建物を特定することもできますが、他の法務局や後述する登記情報提供サービスでは所有者名で特定することができません。

家屋番号が２、３個であれば謄本を取得してみるのも一つですが、借地の場合10個以上家屋番号が出てくることもあり、全ての謄本を取得するのは必ずしも経済的ではありません。

そのような場合、登記事項要約書や登記情報提供サービスを利用した所有者事項証明書を取得し、所有者を確認してから、謄本を取得することをお勧めします。所有者事項証明書とは登記情報提供サービスの利用で請求することができ、対象不動産の所有者情報が記載されています（図表３－６）。所有者の住所や氏名を知りたい場合には謄本を取得するよりも金額が安いため費用を抑えることができます。

図表3-6　所有者事項証明書

東京都△△△△区□□□一丁目1－2　　所有者一覧表　（土地）

共　有　者		
住　　所	持　　分	氏　　名
△△△△区□□□一丁目1番2号	３０分の２５	法務記子
△△△△区□□□一丁目1番2号	３０分の５	法務太郎

（出典：登記情報提供サービス　https://www1.touki.or.jp/pdf/APL41.pdf）

ただし、ここまで調べてもやはり所在が特定できないことがあります。区画整理前の所在や土地が分筆されていれば、分筆前の元地番から調べる方法もありますが、知識や経験も必要となりますので、どうしても見つからない場合は管轄法務局へ相談してみるのもよいかもしれません。

いずれにせよ、建物の場合はそもそも登記されていない未登記建物（後述参照）の可能性もありますので、いくら調べても徒労に終わってしまうこともあります。どこまで調べるかは判断が難しいところですが、相談者としっかりとコミュニケーションを取り、費用や期間がかかる旨をあらかじめ伝え、どこまで調査をするか確認しておきましょう。ただし、ほとんどの場合、納税通知書や評価証明書もしくは名寄帳で不動産の地番や家屋番号は確認できますので、法務局での調査が必要な場合は稀なケースだと考えて結構です。

ちなみに謄本等を取得する際の手数料は下記のとおりとなります。

【不動産登記、商業・法人登記における主な登記手数料】

区分		手数料額
登記事項証明書（謄抄本）（※１）	書面請求	600円
	オンライン請求・送付	500円
	オンライン請求・窓口交付	480円
登記事項要約書の交付（※１）・登記簿等の閲覧		450円
証明（地図・印鑑証明を除く）		450円
地図等情報（※２）	書面請求	450円
	オンライン請求・送付	450円
	オンライン請求・窓口交付	430円
印鑑証明書	書面請求	450円
	オンライン請求・送付	410円
	オンライン請求・窓口交付	390円
筆界特定	筆界特定書の写し（※１）	550円
	図面の写し	450円
	手続記録の閲覧	400円
登記識別情報に　関する証明	書面請求	300円
	オンライン請求・交付（※３）	300円
本支店一括登記申請（※４）		300円

※１　１通の枚数が50枚を超える場合には、その超える枚数50枚までごとに登記事項証明書及び筆界特定書の写しは100円、登記事項要約書は50円が加算されます。

※２　手数料の単位については、地図等の証明書は「１筆の土地又は１個の建物」、土地所在図の証明書は「１事件」となります。

※３　オンライン申請により、交付の請求をした証明書を電磁的記録としてオンラインにより交付する場合を言います。

※４　手数料納付の単位については、支店所在地における登記申請１件となります。

（出典：法務省ホームページ　http://www.moj.go.jp/MINJI/TESURYO/）

未登記建物

未登記不動産とは、文字どおり登記されていない不動産のことで、例えば、実際に建物が建っているのに登記がされていない場合が正に未登記不動産の代表です。表題登記は法律上義務となっていますので、本来このようなことはありえないのですが、実際には日本中にこうした建物は存在しています。

こうした実態の原因の一つは登記制度が国民に周知されていないことだと思われます。また、筆者の経験上、未登記となるのには以下の２つを満たす場合だと考えられます。まず建物であること、次に建築時に融資を受けていないことです。土地の場合、その不動産価値の高さから、未登記のデメリットが多く、未登記のままということはまずありえません。建物のように古くなって解体されることがなく、ほぼ永続的に存在するもので、社会的・経済的利益からも未登記のまま放置される可能性は低いからです（未登記の場合、売却や自身の所有権を証明することが難しい）。また、自己資金で建築するのではなく、銀行等から融資を受ける場合は抵当権の設定を求められるため、未登記のままということはありえません。そのため、現金で建物を建築した場合に、不動産会社等から表題登記の案内がなかったり、仮に案内があったとしても建物所有者が必要性を感じなかったりすれば登記がされません。筆者もこのようなケースを多く目にしました。

ちなみに未登記であっても固定資産税の課税はしっかりされていることがほとんどで、相続が発生した際に納税通知書の記載等から初めて未登記であることに気付くという相談者がよくいます。せっかく未登記に気付いたのだから、これを機に登記したい、もしくは売却や担保に入れてお金を借りたいという方には建物表題登記及び所有権保存登記の案内をします。

相談者の中には未登記のままでも問題がないか聞いてくる方もいます。筆者は固定資産税の課税がされており、火災保険も掛けられているのであれば特に困ることはない旨を伝えていますが（筆者もこの業界で15年以上働いているが、登記していないせいで過料に処されたという話は聞いたことがない）、行政や保険会社に対して所有者を変更した旨（遺産分割協議を経た後）の手続きを行うことはお勧めしています。所有者の変更がなされていないと、後々手続きを行う際に本人確認など手間がかかることもあります。

また、建物が古家で、すぐに解体したいという場合も特に登記していなくとも解体自体は可能ですが、翌年以降も課税されないように、解体後は速やかに建物を取り壊した旨、役所へ届け出る方がよいでしょう。

公　図

公図とは地図に準ずる図面（区画が正確で境界の復元性があるものは法14条地図と呼ばれる）のことですが、土地の地番配列や位置、大きさ等を確認できる図面のことで、日本中の全ての土地の所在を確認することができます（登記もれ、地図混乱地域等例外を除く）。

現在、公図から地図へ移行するための作業が行われていますが、完全に地図が整備されるには膨大な費用と時間が必要で、現状は法務局に備え付けられているもののうち、半数以上が公図で、地図の普及はまだまだの状況です。前述したように地図は現地境界の復元性があり、公図は復元性がありません。地図は現代の精度の高い測量をもとに作成されていますが、公図は明治時代に縄や棒を使った測量で作成された改祖図が基となっています。

この改祖図は明治政府が地租改正事業を行い、税金を徴する目的で進められたにもかかわらず、測量自体は当時の土地の所有者、つまり税金を納める側に任されていました。そのため、税金の負担を軽減するため、実際よりも面積を少なめに測量するようなことも行われていました。それゆえ公図は明治時代の未成熟な測量技術で、測量の知識を持たない人間が時に恣意的に面積を過小評価した測量をもとに作成された図面ともいえます。

ここまで言ってしまうと身も蓋もありませんが、公図が決して当てにならないというわけではありません。現代においても測量を行う上で公図は参考とされていますし、境界を確認する際にも公図以外に測量図等がなければ根拠資料の1つともなります。近年の判例において、明治初期まで遡るような古い公図の場合、測量技術が未熟で距離、角度、面積等の定量的事項が必ずしも正確でなくとも、配列、曲がり具合、地形的特徴[1]等の定性的な事項については比較的正確に記載されているとういう解釈が示されました（平成14年6月27日福岡

1　水路や堤等の利用状況のこと。

高等裁判所、平成９年（ネ）第785号境界確定請求控訴事件判決）。つまり、距離、角度、面積等はそれほど正確ではありませんが、隣地や周辺土地の位置関係、境界線が直線か途中に曲がり点があるか、土地の形状等については信頼しても差し支えないということです。

◉ 公図による道路の調査

不動産の実務において、この公図や地図をもとに調査を行う場合に、何を調べるかというと、主に対象敷地が道路に接しているかどうかです。筆者は相続・遺言書の作成、不動産調査の相談があった場合には、必ず前面道路の所有者を確認するようにしています。

不動産にとって道路に接しているかどうかはその価値を測る上で、大変重要になってきます。なぜなら、建築基準法上の道路に接していない土地には原則建物を建築することができないからです。建築物の敷地は、建築基準法第42条で定義される道路（原則として幅員４メートル以上のものをいう）に、間口２メートル以上で接していなければなりません。これを接道義務といいます（建築基準法第43条）。

道路については第５章で改めて紹介しますが、相続や不動産売買の際に道路部分の所有権が見落とされるケースがよくあります。取引対象となる不動産は、当然のことながら所有に関する認識は明確ですが、その前面の道路部分はそもそも誰の所有かについては認識がない方も少なくありません。相続等で土地を引き継いだ場合には、そもそも前面道路が公道か私道かも認識していない方もいます。そうした中で、道路についての権利関係が曖昧なまま何年も経過してしまうと、後々権利関係を現状に合ったものにしようとする場合に権利関係が複雑化し、手続きが困難になる場合があります。そのようなことを防ぐためにも相続・遺言書作成、不動産調査の依頼を受けた場合にはしっかりと調査をする必要があります。その際の調査資料の一つが公図です。図表３－７の公図を参考に対象地と接道敷地の関係を説明したいと思います。

図表 3-7　公図

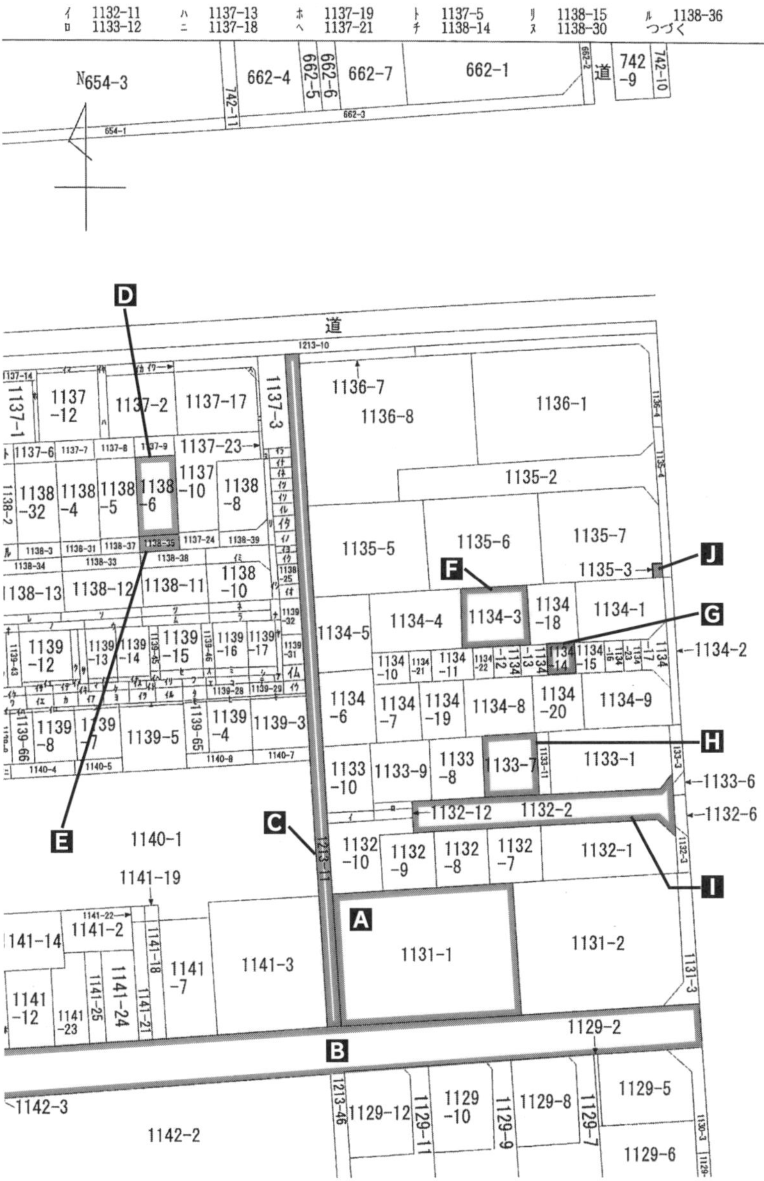

▶ 対象地と接道敷地の関係①

1131 − 1の土地（**A**）をご覧ください。この土地は南側無地番の道路（**B**）と西側1213 − 11（**C**）の道路に接しています。初めのうちは公図を見ただけではどこが道路かわからないかもしれませんが、住宅地図等と照らし合わせると、道路形状からどこが道路部分かわかってくると思います。慣れてくると公図を見れば大抵は道路かわかります（広大な借地や民有地を提供している場合は公図だけで判別できない場合もある）。

1131－1が接している無地番の道路は基本的に官が管理する公道です（無地番なので不動産謄本はない）。では、1213－11はどうでしょうか。

こちらは不動産謄本を取得することができます。このパターンは基本的に私道がほとんどです。寄付等により、所有が市等になっていることもありますが、経験上は古くからの地主さんやその親族が共有で所有しているということが多いです。

これはもともと広い土地を借地として貸していたが、徐々に借地を売却等により手放していき、道路部分だけそのままになっていることがあるからです（借地の売却とともに道路部分もそれぞれの買主へ持分移転している場合もある）。道路の所有者が地主等の個人であっても、日常生活では通行等に差支えはないかもしれませんが、売買等の際には境界確認や承諾書等、道路所有者の協力を仰ぐ必要が出てくることもあるので、注意が必要です。

▶ 対象地と接道敷地の関係②

1138－6の土地（**D**）は南側の1138－35の道路部分（**E**）と接しています。1138－35の土地は1138－6の土地と同じ幅で、南側には似たような細かい土地がいくつもあります。

このような場合は、1138－6の前面道路は私道で、道路の両側の土地がそれぞれ道路中心から2メートルずつ後退し、土地を提供しているであろうことが推察されます（4メートルの道路への接道要件を満たすため。第5章参照）。そのため、所有権については1138－6の土地と1138－35の土地の所有者は基本的に同一となります。

▶ 対象地と接道敷地の関係③

1134－3の土地（**F**）は南側の土地が上記の1138－6（**D**）の場合と異なり、道路部分がさらに細分化しています。この場合も私道です。先に結論から言うと1134－3の土地所有者は1134－14の土地（**G**）を所有しています。

このパターンのように私道が細かく分かれており、さらに自分の所有敷地の前面の道路部分ではなく、他の所有者敷地の前面道路部分を所有しているのにはいくつか理由があります。単純に分譲地で土地の購入者に端から順番に道路部分を売却していったという場合もあるでしょうが、筆者が不動産会社の方から聞いた理由は、土地の所有者が自分の敷地と道路部分を一体として使用するのを防ぐためだそうです。1138－6の場合のようにそれぞれが後退し、道路部分を提供しているのは見た目にもわかりやすいのですが、中には道路部分とはいえ、権利上は自分が所有している土地であるため、植木や私物を置いたりして他者の通行を妨げる方がいます。そうなってくると、近隣の方が迷惑してしまいますし、トラブルの原因になってしまいます。そこで、あえて前面道路部分ではなく、バラバラに所有しているそうです。

このパターンは相続手続きで見落とされがちな最たる例です。道路部分は非課税のため納税通知書等で発見がしづらいため、専門家でも不動産実務に詳しくない方が相続手続きを行って、道路部分だけ相続もれをしていたというケースを何度も目にしたことがあります（父親の相続手続きの依頼で前面道路の所有者を調査したところ、祖父やさらに上の世代が登記名義人であった場合もある）。

今回のケースでは、不動産の権利証や評価証明書・名寄帳等で1134－14の土地を所有していることは確認できましたが、前述したように過去の相続手続きが漏れていた場合には、見つからない場合もありますので、最終的には前面道路の所有者を全て確認するほかありません。筆数によっては費用がかかってしまいますので、依頼者に説明の上、法務局での要約書の閲覧や登記情報提供サービスの所有者事項証明書の利用を検討してみてください。

▶ 対象地と接道敷地の関係④

1133－7（H）の場合は南側の1132－2の道路（I）に接していますが、これまで見た例とは違い、道路部分は1132－2の一筆しかありません。この場合はこの道路に接している土地の所有者が共有している場合が多く、今回のケースでは1133－7の土地所有者は1132－2の土地を持分10分の1で所有しています。私道ではこのパターンも比較的多いかと思います。

普段から1132－2の道路を利用している住民が、自身の土地に接している道路の共有持分を持つことにより、道路権利者として、道路全体を利用することができます。

以上、公図の道路部分について紹介しましたが、道路以外にも共有で管理しているものとして、分譲地の一画に設けられたごみ集積所（公図上1135－3の土地（J））等があります（市に寄付されている場合もある）。公民館や井戸、河川敷等を共有で持っていたというケースもありますが（地域の方全員名義又は代表者複数名で所有しているケースがある）、流石に公図だけでは見つけることはできないので、相談を受けた際に、話の中で所有者、被相続人について相談者から「昔から地元の顔役だった」「祖父も父も地元の役員をしていた」等の話題が出てきた際には話を振ってみてもよいかもしれません。

以降は、地積測量図、建物図面について紹介しますが、実務上、地積測量図や建物図面まで取得されている方は少ないかもしれません。相談内容にもよりますが実際に行政書士の分野では必要となる機会が少なくとも、どんなものかは知っておくとよいでしょう。

地積測量図

地積測量図とは「一筆の土地の地積に関する測量の結果を明らかにする図面であって、法務省令で定めるところにより作成されるもの」（不動産登記令第2条第3号）のことで、簡単に言うと法務局に収められている測量図のことです（図表3－8）。公図や謄本と同じように誰でも法務局で取得することができますが、公図や謄本と違い全ての土地に地積測量図があるわけではありません。

基本的に国や行政が地積測量図を作成するのではなく、土地所有者から分筆登記（土地をいくつかに分ける登記）や地積更生登記（登記簿上の地積を正確な地積に更生する登記）等の登記申請手続きを行わない限り、法務局へ備え付けられません。地積測量図を作成するには、役所調査や資料の精査、そして測量を行い、隣接所有者（民地所有者や市・県等の官）との立会いを行わなければなりません。ここまで行うには膨大な費用と期間がかかりますので、行政の力では限界があり、所有者からの申請に任されています。

そのため地積測量図そのものの認知度は低く、法務局に自分の土地の測量図があるといった認識を持つ方も中にはいますが、実務上地積測量図に関する相談等は受けたことはありません。相談というよりも、不動産会社の方から質問を受けることはあります。例えば「地積測量図があれば売買できますか？」といったことを聞かれることがあります。これだけ聞くと、地積測量図と売買にどういう関係性があるのだろうと思われるかもしれませんが、不動産会社の方が聞きたかったのは、地積測量図があれば境界確定測量を経ずに売買が可能かどうか、つまり売買対象地の境界は確定しているのかどうかを知りたかったのです。

不動産取引において、土地の境界が確定しているかどうかは必ずしも必要ではありません。地積測量図がなかろうが、境界が確定していなかろうが売主と買主の双方が合意すれば売買は可能だからです。しかしながら、近年は後々の境界トラブルを避けるために売買時に境界を確定させる取引が増えています。そこで、取引の前提として境界が確定しているのであれば、わざわざ費用と時間をかけて境界確定測量をせずに地積測量図をもとに売買を進めたいというのが不動産会社の担当者の心情なのでしょう。

それゆえの前述の質問となるわけですが、結論から言うと境界確定測量が必要な可能性が高いです。というのも直近で地積測量図が作成されている場合は別として、古い地積測量図はそもそも境界の復元性がないことが多いからです（現在は法律により地積測量図を作成する際には境界の復元性が求められる）。地積測量図をもとに境界を復元できないのであれば、いくら現地に境界標（杭やプレート等）があっても、その境界標が動いていないことは証明できないため（大規模震災等により境界位置がずれている可能性もある）、測量を行い隣接所有者と立会いの上、境界確認書を取り交わす必要があります。

もちろん地積測量図があれば根拠資料となり、図面上の距離等参考にすることができますので、ない場合よりはあった方が測量もスムーズでしょう。不動産会社の担当者は、地積測量図があるから測量はいらないだろうと考えていたかもしれません。このような時は、あまり期待させず早いうちに測量の必要性を伝えておくのがよいでしょう（実際に必要かどうかは調査してみないとわからないため）。

官民境界確定の申請手続きについては行政書士も行うことができますが、測量の技術と知識が必要となりますので、そこまで業務の手を広げずとも信頼できる土地家屋調査士を見つけていつでも相談や依頼できるようにしておくとよいでしょう。

図表3-8　地積測量図

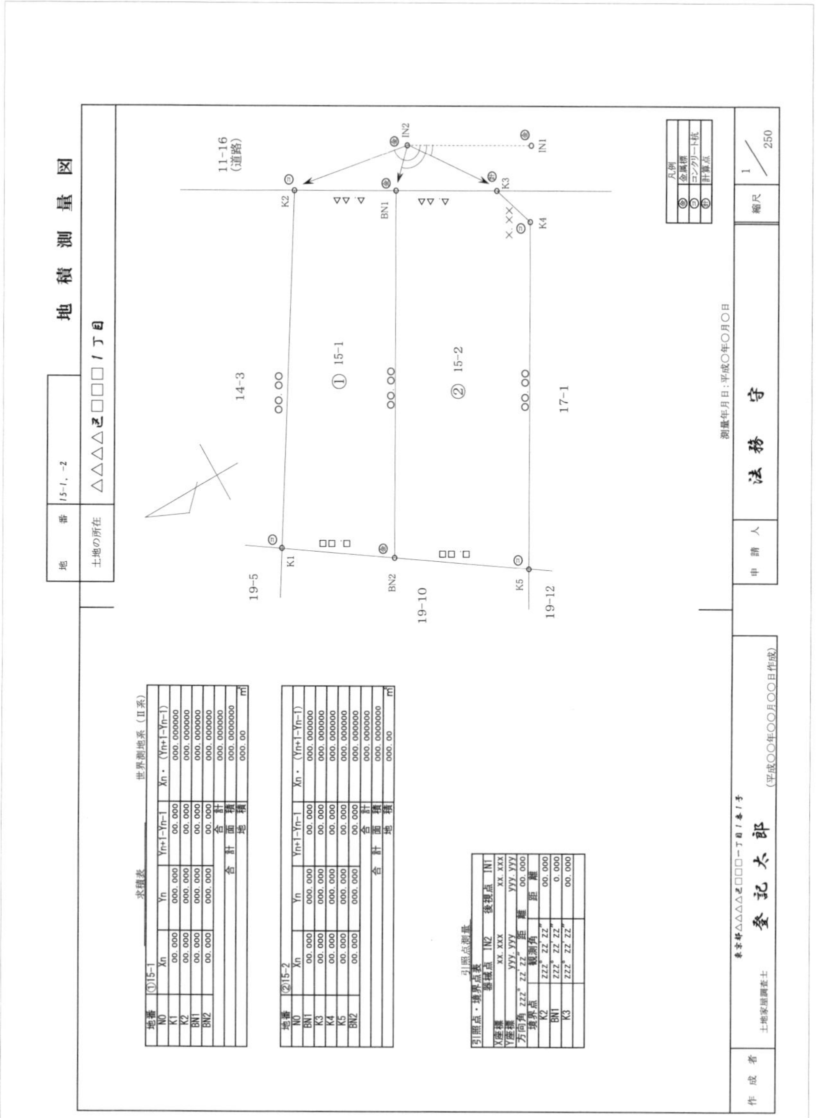

求積表　世界測地系（Ⅱ系）

地番	①15-1			
NO	Xn	Yn	Yn+1-Yn-1	Xn・(Yn+1-Yn-1)
K1	00.000	000.000	00.000	000.000000
K2	00.000	000.000	00.000	000.000000
BN1	00.000	000.000	00.000	000.000000
BN2	00.000	000.000	00.000	000.000000
			合計	000.000000
			合計面積	000.0000000
			地積	000.00 ㎡

地番	②15-2			
NO	Xn	Yn	Yn+1-Yn-1	Xn・(Yn+1-Yn-1)
BN1	00.000	000.000	00.000	000.000000
K3	00.000	000.000	00.000	000.000000
K4	00.000	000.000	00.000	000.000000
K5	00.000	000.000	00.000	000.000000
BN2	00.000	000.000	00.000	000.000000
			合計	000.000000
			合計面積	000.0000000
			地積	000.00 ㎡

引照点測量

引照点・境界点表		
	器械点　IN2	後視点　IN1
X座標	xx.xxx	xx.xxx
Y座標	yyy.yyy	yyy.yyy
方向角	zzz° zz′ zz″　距離	00.000
境界点	観測角	距離
K2	zzz° zz′ zz″	00.000
BN1	zzz° zz′ zz″	0.000
K3	zzz° zz′ zz″	00.000

（出典：登記情報提供サービス　https://www1.touki.or.jp/pdf/APL46.pdf）

建物図面・各階平面図

建物図面とは「一個の建物の位置を明らかにする図面であって、法務省令で定めるところにより作成されるもの」（不動産登記令第２条第５号）のことで、土地（建物の敷地）に対して、どの位置に建物が建てられているか記載された図面です。

各階平面図とは「一個の建物の各階ごとの平面の形状を明らかにする図面であって、法務省令で定めるところにより作成されるもの」（不動産登記令第２条第６号）のことで、例えば２階建ての建物であれば、１階と２階それぞれの形状と床面積が記載された図面です。一般的には、建物図面と各階平面図をあわせて、建物図面と呼ばれています（図表３－９）。

この建物図面も全ての建物に対し、備え付けられているわけではありません。現在では建物表題登記を申請する際に建物図面の添付が必要で、新たに登記された建物には必ず建物図面が法務局へ備え付けられていますが、昭和 40 年前後までに登記された建物には建物図面がないものも多くあります。地積測量図同様、認知度は低く、建物図面に関する相談を受けたことはありません。専門家でも建物図面まで取得するという方は少ないと思います。

調査で建物図面を確認するのは、例えば中古建物の売買等の際に現況の建物と図面を照らし合わせて、建物形状に差異がないか確かめる時です（建築時から増改築が行われていないかの確認）。差異があり、売買前に現況と登記記録を一致させたいという相談があった場合には、建物表題部変更登記が必要となりますので、土地家屋調査士に依頼しましょう。

図表3-9　建物図面・各階平面図

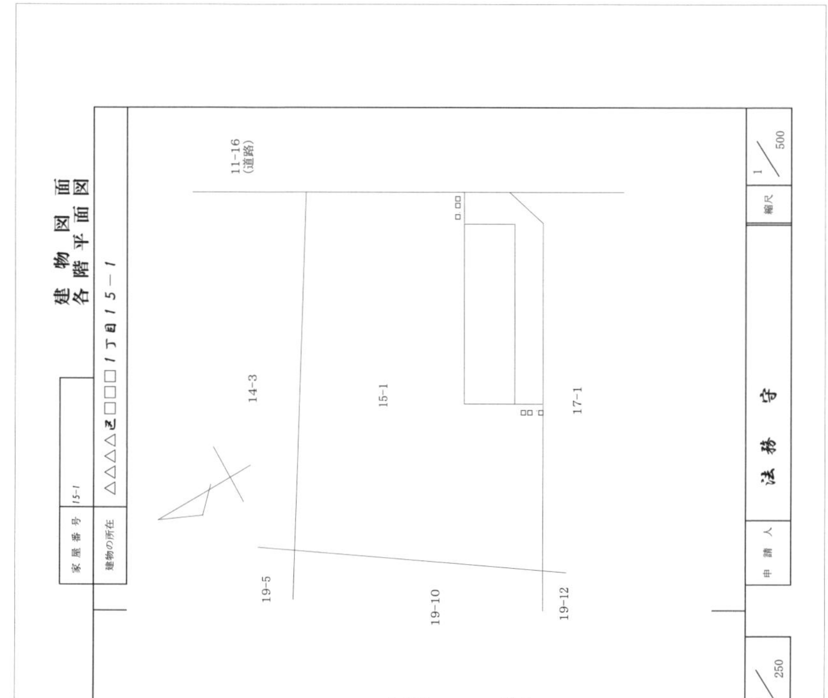

（出典：登記情報提供サービス　https://www1.touki.or.jp/pdf/APL47.pdf）

登記情報提供サービス

登記情報提供サービスとは法務局に記録されている登記情報を、インターネットを利用して、一般利用者がパソコンで内容をリアルタイムに確認できるサービスです（有料）。提供される登記情報は下記のとおりです。

・　不動産の謄本
・　商業・法人謄本
・　動産譲渡・債権譲渡登記事項概要ファイル
・　地図、地図に準ずる図面・土地所在図・地積測量図・地役権図面・建物図面、各階平面図が記録されたファイル

現在事項証明書、要約書はサービスの対象外ですが、所有者事項証明書を取得することができます。

コンピュータ化後の閉鎖謄本も提供されていますが、コンピュータ化される前の閉鎖謄本については取得できないため、従来どおり法務局で取得する必要があります。

このサービスの最大のメリットは法務局へ行かなくても登記情報を確認できるという点でしょう。従来は不動産の謄本を取得するために法務局へ足を運ばなければならず、法務局で請求してからも待ち時間があり、謄本を取得するだけでも一仕事といったところでした。筆者が最初に勤めていた事務所でも何人ものアルバイトが法務局へ謄本や公図、要約書の閲覧で管轄法務局を回っていました（当時は管轄法務局でしか取得できなかった）。

それが今では事務所にいて、ものの数分で登記情報を確認できますので、随分と仕事の効率は上がったと思います。さらに言うと法務局の開庁している時間を気にせずに登記情報を確認できるのも大変ありがたいです。こちらも当時は法務局の開庁時間が午前8時30分から午後5時まで（現在は午後5時15分まで）でしたので、法務局の閉まる時間ギリギリに駆け込んで、謄本を請求したという経験が何度もあります。登記情報提供サービスの利用時間は午前8時30分から午後9時まで（土日、祝日、年末年始を除く）ですので、午後5時15分過ぎに相談を受けても、明日の開庁時間を待たずに登記情報を確認すること

ができます。欲を言えば24時間、土日・祝日も利用できるようになれば益々便利になると思いますので、今後の改正を期待しています。

それから、費用を抑えることができるというのもこのサービスの魅力だと思います。法務局で謄本等を取得する（p 65参照）よりも登記情報提供サービスで同じ内容を確認できるので、1日に何部も取得する側からすると、年間の経費としては大きな差が出ます。

【登記情報提供サービスの利用料金】

区　分	利用料金
全部事項（不動産又は商業・法人の登記記録の全部の情報）	334円
所有者事項（不動産の所有権の登記名義人の氏名又は名称及び住所又は事務所のみに関する情報）	144円
地図、地図に準ずる図面、土地所在図、地積測量図、地役権図面、建物図面及び各階平面図が記録されたファイルに記録されている情報	364円
登記事項概要ファイルに記録されている情報（動産譲渡又は債権譲渡）	144円

（出典：法務省ホームページ　http://www.moj.go.jp/MINJI/minji25-1.html）

難点としては公的機関や手続き機関によっては登記情報提供サービスで取得した登記情報が使えない場合があるという点です。以前に比べて、照会番号の付された登記情報であれば受け付けてもらえるところも増えてきましたが、まだまだ法務局で取得した3か月以内の謄本が必要等と頑なな態度の機関もあるので、手続きに謄本を求められた場合には登記情報提供サービスで取得したものでも代用可能か確認が必要です。

登記情報提供サービスは不動産実務を行う上で欠かせないツールになっています。前述した以外にもサービス上でブルーマップの所在地番の検索ができたりもしますので、利用登録しておけば時間や費用を大きく抑えることができます。

サービスの利用方法としては一時利用、個人利用及び法人利用がありますが、一時利用は登録に手間がかかるわりに初回ログインにしか利用できませんので、今後も利用する機会が増える方にとっては個人利用や法人利用がお勧めです

(IDが付与されると、何度でも使用可能)。登録しても特に維持・管理費等はかからず、純粋に取得した際の手数料のみ必要となります。

ちなみに登録費用は個人利用が300円、法人利用が740円です。それほど高くはないと思いますので、是非、利用登録をしてみてください。

用語解説

照会番号

照会番号とは1つの登記情報ごとに発番され、発行年月日と10桁の数字からなります。行政機関等へのオンライン申請等をする場合に添付し、申請を受領した行政機関等はこの照会番号に基づき登記情報の確認を行います。

照会番号の有効期間は発行日から100日間(発行日の翌日から起算)です。

第4章

宅地等に関する不動産実務

宅地の定義

不動産実務においてその対象となる土地は宅地が主であり、宅地に関する問題や手続き等についての相談が大部分を占めています。宅地とは「建物の敷地及びその維持若しくは効用を果たすために必要な土地」（不動産登記事務取扱手続準則第68条第3項）のことで、住宅やマンション、店舗の敷地等が挙げられます。

相談の中には農地や駐車場等も対象となることはありますが、宅地に付随する場合や、今後の宅地利用を見越した相談や宅地への変更手続きについての依頼が中心となっています。山林や原野等の相談も受けることはありますが、筆者の事務所に寄せられるものは積極的な取引や利活用の相談というよりはどちらかというと処分できずに困っているといったものが多いようです。その点、宅地の場合は自身で家を建築することはもちろん売却することも賃貸することもできます。相続で土地を取得する場合にも山林や原野を引き継ぐよりも、宅地は取引性が高く喜ばれる方が多いのではないでしょうか。

この章ではそういった宅地について手続きを行う際に行政書士へ寄せられる相談や実務についてお話していきます。

宅地の相談を受けたら確認すること

宅地の場合、現在建築物が建っている場合はもとより、これから建築する、もしくは今後の利活用を検討する上で、そもそも予定している土地に対してどのような権限を持っているのかは重要です。前章でもお話ししましたが、まず所有者は誰なのかを確認します。相談者はその土地の所有者なのかどうか。所有者の親族の場合は、使用貸借なのかあるいは地代を払って土地を借りている賃貸借なのか。どのような権限があるのかにより、権利関係がわかり、今後どのような手続きが必要になるかもわかります。

また、そもそも一般の方は土地の権利関係に詳しくないという方がほとんどです。日常生活、普段土地を使用する上で、今は特に困らなくとも、何かあった時、将来的に相談者が困らないように、事前に対策を取っておけば防げるようなことも、気付いてアドバイスできることが専門家に求められることではないでしょうか。それは相談者にとってもありがたいことだと思います。

もちろん相談者の中には自分の依頼したいことだけをやってくれればいいという方もいますが、それだけに留まってしまうと、後になって「どうしてあの時教えてくれなかったんだ」「何も言ってなかったから後で他の専門家へ頼んだよ」等ということも起きてしまい、結果的に二度手間になったり余計に費用が掛かってしまったりと、相談者の利益にそぐわないことがあります。

これから不動産実務の専門家になる方には、ただ受けた相談をこなすだけではなく、おせっかいかもしれませんが、プラスαのアドバイスができるようになって欲しいと思います。そのためにまずは基本となる土地に対する利用権限、所有権、使用貸借、賃貸借についてしっかりと押さえてください。

宅地に対する利用権限

所有権

所有権については民法において「所有者は、法令の制限内において、自由にその所有権の使用、収益及び処分をする権利を有する。」（第206条）と規定されており、さらに土地所有権については「土地の所有権は、法令の制限内において、その土地の上下に及ぶ。」（第207条）と定められています。つまり、土地の所有者であれば基本的にその土地をどう利用しようが、どんな建物を建てようが自由に行うことができます。「所有権の絶対性」といわれることもありますが、所有権は物を全面的・排他的に支配し、時効により消滅することもありません。第三者から所有権を害される場合には、返還、妨害排除、妨害予防等の請求を行うこともできます。ただし、公共の福祉に反するような権利の乱用は認められておらず、一定の制限も設けられています。

所有権に基づいて土地を建築、売買、賃貸しようとする場合には権限においては特に問題はありません。しかし、前章で述べたように、相談者が所有者であっても、登記名義人が亡くなった親や祖父母等の場合には登記名義を自身へ変更しておくべきでしょう。建築自体は土地の名義が被相続人名義でも可能ですが、住宅ローン等の抵当権設定や将来的な相続手続きの複雑化を避けるためにも、相談者に名義変更をお勧めするのがよいでしょう。

使用貸借

使用貸借とは友人から本や自動車を借りて、使い終わったら返すように、土地を借りてその上に家を建てたりすることをいいます。ポイントは無償ということです。民法には「使用貸借は当事者の一方があるものを引き渡すことを約し、相手方がその受け取った物について無償で使用及び収益をして契約が終了したときに返還をすることを約することによって、その効力を生ずる。」(第593条)と規定されています。

本や自動車等と違い不動産は資産価値が高く、無償ということになると、その多くは親族又は親しい友人等、特殊な人間関係を前提にしています。そのため借主の権利は借地権ほどには法律により保護されていません(借地借家法の適用もない)。使用貸借の場合は貸主と借主の信頼に基づいていることがほとんどですが、無償ゆえ、貸主には貸渡後も強い権利が認められています。例えば、存続期間や目的を定めた場合には期間の満了や目的の達成により契約は終了しますが、何も定めなかった場合には貸主はいつでも自由に契約を終了することができます。また借主が死亡した場合にも契約は終了します(使用貸借は相続できない。民法第597条)。

使用貸借は無償というメリットは大きいものの、借主にとっては不安定なものとなります。確かに信頼に基づいているので、そうそうに相手方から使用貸借の終了を告げられることはないかもしれません。筆者も使用貸借だからといって、相談者の不安をあおるような真似はしません。依頼が欲しいからといって、むやみやたらと書類作成を勧めるのはどうかと思います。

そもそも使用貸借ということを特に気には留めていない方が多く、実際も使用貸借についての相談というよりは他の相談を受けた際に、付随して質問や相談を受けることがほとんどです。親あるいは祖父母の土地の場合はあまり相談を受けることはありませんが、親族等の土地に建物の建築をする際の使用貸借契約書（図表４－１）の作成の相談は受けたことがあります（知り合いや古い知人から土地を借りて家を建てている方もいたが、そういった場合は既に契約書を取り交わしているか、契約書はなくとも覚書等の書面を持っている場合が多い)。

親族間の使用貸借契約書も正直、後々のトラブルを回避するというよりは、書面にしておかないと何となく不安だから、契約書という名の書面が手元にあると安心できるといった意味合いが強いように感じます。というのも、いくら書面に残していたとしても、使用貸借の場合、借主はどうしても不安定な地位になりがちです。その不安定さを解消したいのであれば、例えば今後は地代を発生させ、賃貸借契約に切り替えるか、あるいは贈与や売買により所有権を取得してしまうかです。どちらも使用貸借に比べると金銭的負担を伴いますので、使用貸借の無償という最大のメリットを手放し、果たしてどれほど不安を解消する費用対効果が得られるのかといった疑問もあります。そもそもお金があれば使用貸借にはしていないということも考えられます。

では、どうすれば不安を解消することができるのでしょうか。これはなかなか難しい問題ではありますが、筆者の場合は遺言書の提案をしています。これも全ての相談者にあてはまるとは限りませんが、このケースは筆者の事務所では比較的よくあります。

以下で遺言書の基本について説明した後、具体的にどういうケースがあるのか紹介していきます。

図表4-1　土地使用貸借契約書の見本

土地使用貸借契約書

貸主　鈴木太郎（以下、「甲」という。）と借主鈴木次郎（以下、「乙」という。）とは、甲が所有する後記記載の土地（以下、「本件土地」という。）について、次のとおり使用貸借契約を締結します。

（使用貸借契約の成立）

第１条　甲は、自己の所有する本件土地を、以下の約定により乙に無償にて貸し渡し、乙はこれを借り受けます。

（使用目的）

第２条　乙は、甲に対して、本件土地を乙が所有する居住用建物の住宅敷地としてのみ使用することを約します。

２　乙は、甲に対して、本件土地上に個人の専用住宅以外の工作物を設けないこと及び本件土地に何らかの原状変更を加えるときは事前に甲から書面による承諾を得ることを約します。

（譲渡・転貸の禁止）

第３条　乙は、第三者に本件使用借権を譲渡又は本件土地を第三者に転貸してはなりません。

（反社会的勢力の排除）

第４条　甲及び乙は、それぞれ相手方に対し、次の各号の事項を確約します。

①　自らが、暴力団、暴力団関係企業、総会屋若しくはこれらに準ずる者又はその構成員（以下総称して「反社会的勢力」という）ではないこと

②　自らの役員（業務を執行する社員、取締役、執行役又はこれらに準ずる者をいう）が反社会的勢力ではないこと

③　反社会的勢力に自己の名義を利用させ、この契約を締結するものでないこと
自ら又は第三者を利用して、次の行為をしないこと

ア　相手方に対する脅迫的な言動又は暴力を用いる行為

イ　偽計又は威力を用いて相手方の業務を妨害し、又は信用を毀損する行為

２　乙は、本件土地の使用に当たり、次の各号に掲げる行為を行ってはなりません。

①　本件土地を反社会的勢力の事務所その他の活動の拠点に供すること

②　本件土地又は本件土地の周辺において、著しく粗野若しくは乱暴な言動を行い、又は威勢を示すことにより、付近の住民又は通行人に不安を覚えさせること

③　本件土地に反社会的勢力を居住させ、又は反復継続して反社会的勢力を出入りさせること

（契約の解除・損害賠償請求）
第５条　甲は、乙が本契約に違反した場合には、催告することなくして直ちに本契約を解除することができ、また、乙の債務不履行により甲が損害を被ったときは乙に対して損害賠償を請求することができます。
（原状回復義務）
第６条　本契約終了の場合には、乙は、甲に対して、本件土地を原状に復して直ちに返還しなければなりません。
（協議条項）
第７条　本契約書に定めのない事項については、甲・乙は、互いに信義を重んじ誠意をもって協議し、定めるものとします。

甲・乙は、本契約の成立を証するため、本契約書２通を作成し、各１通を保有する。

令和○○年○○月○○日

甲　○○県○○市○○町○丁目○番○号
鈴木　太郎

乙　○○県○○市○○町○丁目○番○号
鈴木　次郎

（土地の表示）
所　在　○○市○○町○丁目
地　番　○○番
地　目　宅地
地　積　○○○㎡

※　相談者の意向により、期間の定めや損害賠償に関する事項等を定めることもできます。

遺言書

遺言書は遺言を残したいと思う者が、生前に自身又は公証人を通じてその所有する財産について、自分の死後どのように管理・処分、分配するのかを定めておくものです。第１章でも記述しましたが、近年遺言書に対する関心は高まっており、筆者のセミナーや勉強会にも多くの方が参加しています。

以下は普段筆者が行うセミナーの資料から抜粋した内容を載せていますので、参考にしてください。

▶ 遺言書の特徴

● 自身が亡くなった後の遺産の分配方法等についての意思表示です。

● 遺言書に書いた内容には法的な効力が発生します。

● 書き方、内容について法律上のルールがあります。

● 名義変更などの手続き書類として法務局、銀行などに提出します。

▶ 遺言書を残すメリット

● 相続人同士の話し合いがいりません。

・ 相続人同士が不仲の場合に揉めごとを防止できます。

・ 認知症や音信不通の相続人がいる場合でも相続手続きが進められます。

● 自分の希望どおりに遺産を分けられます。

▶ どのような方に遺言書はお勧めなのか

● 子供が複数おり、その内の１人と同居しているが遺産が不動産以外ない方

● 夫が再婚で、前妻との間に子どもがいる方

● 夫婦の間に子供がいない方

● 相続人の中に意思表示できない者がいる方　等

▶ 遺言書には３つの種類がある

● 自筆証書遺言

自身で書き記す遺言書のことです。誰でも気軽に作成できるため、費用がかからない反面、書き間違えや遺言内容が曖昧で遺言書として無効となることもあります。

● 公正証書遺言

遺言書を公正証書にしたものです。公証役場で公証人が法律の規定に則り、公正証書として書類を作成するため、有効な遺言書を残したいときや相続財産の金額が大きい時にお勧めです。

秘密証書遺言

公正証書遺言と同じく公証役場で作成手続きが行われます。ただし、自身で書き記す遺言書を誰にも見られないように封をするため、自筆証書遺言と同様書き間違えや遺言内容が曖昧で遺言書として無効となることもあります。亡くなるまで秘密を守りたい、内容を知られたくない等の場合に利用されていますが、実務上使用されているという話はあまり聞きません。

使用貸借における遺言書の活用

以下では、使用貸借における遺言書の活用事例を３つ紹介します。

事例 1

親の土地を使用貸借

最も多いのが親もしくは義理の親から土地を使用貸借している場合です。親の土地を借り受けて、使用貸借契約書まで作成される方はまれかと思いますが、仮に親より先に借主が亡くなった場合、前述したように使用貸借契約は終了してしまいます。借主の配偶者や子供等の相続人であっても使用貸借契約は引き継ぐことはできません。もちろん借主が亡くなったからといって、すぐにその家族が追い出されてしまうといったことはないでしょうが、そのまま住み続けて、後日改めて土地所有者と残された家族の間で使用貸借について契約を交わすという場合も少ないのではないでしょうか。この状態が長く続いてしまいますと将来的に土地所有者が亡くなった場合に問題となる場合があります。

土地所有者の相続人が先に亡くなった借主の配偶者（土地所有者と養子縁組をしている場合）もしくは子供のみの場合は特に問題となることはありませんが、土地所有者の子供（亡くなった借主の兄弟姉妹）等、他の相続人がいた場合には、誰がその土地を相続するかによって、今後も同じように使用し続けることができるかどうかはわかりません。

相続人間の話し合いにより、借主側が土地を単独で相続することができたならば、以降は所有者として何の問題もありません。しかし、他の相続人が土地を取得することになった場合は新たな所有者と使用貸借契約を結ぶ必要が出てくるかもしれませんし、場合によっては無償ということに抵抗し、賃貸借契約あるいは土地を貸すことを拒まれるケースもあるかもしれません。いずれにせよ、土地を借りている側からすれば親族間で土地の貸し借りをするよりは自身が相続したほうが、余計な手間や費用を掛けずに済みます。

仮に他の相続人と不仲で土地を相続することはおろか、土地を借り受けることも難しいような関係であれば、将来的な不安がつきまといます。そこで、借主が万一先に亡くなった場合に残された家族が安心できるように、実子である借主が親である貸主へ遺言書の作成をお願いしてみるとよいのではないでしょうか。

具体的には、貸主が亡くなった場合は相続人である借主が土地を相続し、万一借主が先に亡くなった場合には、その配偶者又は子へ相続させる旨の遺言書を作成します（図表４－２参照）。借主が先に亡くなった後に義理の親に遺言書の作成は頼み辛いでしょうし、時間の経過とともに意思能力の問題で遺言書が作成できない場合もあります。遺言書があれば100％安心とは言い切れませんが、事前に打てる手の一つだと思います。

図表4-2　遺言書案1

遺 言 書（案） 第1条　遺言者は、下記の不動産を、遺言者の長男A（昭和○○年○月○日生）に相続させる。 ㈠　土　地 所　在　○○市○○町○丁目 地　番　○番○ 地　目　宅地 地　積　○○．○○㎡ 第2条　遺言者は、長男Aが遺言者の死亡以前に死亡したとき（同時死亡を含む。）は、前条記載の土地を、遺言者の孫B（昭和○○年○月○日生、長男Aの長女）に相続させる。

事例2

祖父母の土地を使用貸借

祖父母の土地の場合も事例1と同じような将来的な不安があります。親の場合と比べると相続人が叔父や叔母、場合によっては従兄弟にまで広がる可能性もありますので、いくら貸主の相続人に使用貸借を引き継ぐ義務があったとしても、遺言書の必要性は親の場合よりも高くなります。ただし、借主の親が健在の場合、借主が祖父母と養子縁組をしているような場合を除き、借主は相続人の地位にはありません。

そこで遺言書により対象の土地を将来的に譲り受けるには、①遺贈という形で直接譲り受けるか、②一時的に祖父母の相続人である親に相続してもらい、親が亡くなった際に改めて親から土地を引き継ぐという遺言書案が考えられます。しかし、①の直接遺贈を受ける場合には相続人ではないため、相続税の税率を使うことができず、税金が高くなってしまいます。②の親に相続してもらい、その後自身が親から相続する場合には借主が所有権を取得するまでにかなりの時間が必要となりますし、何より後々事例1で紹介したような問題が発生する可能性もあります。

どちらがよいかは相談者（借主）ごとの事情もありますので、それぞれにとって、最もよい方法を見つけるためには、やはり、しっかりと相談者の状況を把握した上でアドバイスを行う必要があるでしょう。

上記①のパターンの場合は図表4－3を、②のパターンの場合は図表4－2を参考にしてください。

図表4-3　遺言書案2

遺 言 書（案）

第1条　遺言者は、下記の不動産を、遺言者の孫A（昭和○○年○月○日生）に遺贈する。

㈠　土　地
所　在　○○市○○町○丁目
地　番　○番○
地　目　宅地
地　積　○○．○○㎡

事例3

友人、知人の土地を使用貸借

このパターンは上記2例に比べると少ないとは思いますが、知人というより、相続関係のない遠い親戚が文字どおり遠方に住んでいるため、管理を含め昔から無償で借りているというような場合があります。この場合は貸主が亡くなっても相続により取得できないため、第三者が貸主の地位を承継します。相続人と健全な関係が築ければよいのですが、前所有者（貸主）との間に期間や目的を定めていなかった場合、新たな貸主から使用貸借の終了を求められる可能性もあります。あるいは相続人が見つからず権利関係が宙に浮いてしまう可能性もあります。貸主が亡くなったことを知らずに何年も過ごしていたというケースもあります。可能性を考えればきりがありませんが、場合によってはせっかくの土地が権利関係の整理ができず死に地になってしまうこともあります。やはり貸主が亡くなった後には対応が難しく、現状は貸主との信頼関係があり、遺言書等への協力も望めるのであれば、早い段階で打診してみた方がよいでしょう。借主側の一方的な思いでは目的を達成できませんので、貸主の意向をしっかりと確認した上で遺言書を作成しましょう（図表４－３参照）。

今回、紹介はしていませんが、遺言書では条件や期限、また負担等も定めることができます。また民事信託等も検討することにより相談者にとって最適な解決策を提案できますので、遺言書や信託契約等についてはしっかりと知識を身に付けておくとよいでしょう。

Column　公正証書遺言以外は検認がなければ遺言書の機能を果たせない？

公正証書遺言以外の遺言書は、家庭裁判所で相続人立会いのもと検認を行う必要があります。家庭裁判所で検認されると、検認調書という公認文書となります。この検認手続きを行わないと、法的に遺言書の機能を果たせず、相続手続き（各種銀行・不動産の名義変更等）を進めることができません（公正証書遺言の場合、公証人が作成した時点で公文書となっており、検認する必要はない）。

しかしながら、家庭裁判所の検認はその手続きの煩雑さから遺言書作成の妨げになっているということがいわれています。日本は遺言書の作成率が諸外国に比べて低く、遺言書の作成をより普及させるために、近年相続に関するルールが大きく変わりました（民法（相続法）改正、遺言書保管法の制定）。

Column 民法（相続法）改正（法務省パンフレットより）

2018年（平成30年）7月に、相続法制の見直しを内容とする「民法及び家事事件手続法の一部を改正する法律」と、法務局において遺言書を保管するサービスを行うこと等を内容とする「法務局における遺言書の保管等に関する法律」が成立しました。

民法には、人が死亡した場合に、その人（被相続人）の財産がどのように承継されるかなどに関する基本的なルールが定められており、この部分は「相続法」などと呼ばれています。

この相続法については、1980年（昭和55年）に改正されて以来、大きな見直しがされてきませんでした。一方、この間、我が国における平均寿命は延び、社会の高齢化が進展するなどの社会経済の変化が生じており、今回の改正では、このような変化に対応するために、相続法に関するルールを大きく見直しています。

具体的には、

⑴ 被相続人の死亡により残された配偶者の生活への配慮等の観点から、

① 配偶者の居住権の創設

② 婚姻期間が20年以上の夫婦間における居住用不動産の贈与等に関する優遇措置

⑵ 遺言の利用を促進し、相続をめぐる紛争を防止する観点から、

① 自筆証書遺言の方式緩和

② 法務局における自筆証書遺言の保管制度の創設（遺言書保管法）

⑶ その他、預貯金の払戻し制度の創設、遺留分制度の見直し、特別寄与の創設などの改正を行っています。

＊ 上記⑵①②により、以前より自筆証書遺言が使いやすくなります。

Column　自筆証書遺言の方式緩和（2019年1月13日施行）

自筆証書遺言についても、財産目録については手書きで作成する必要がなくなりました。

従来は遺言書の全文を自書し、財産目録の各頁に署名押印が必要でしたが、方式緩和により、自書によらない財産目録を添付することができるようになり、パソコンでの目録作成や通帳のコピーを添付することが認められるようになりました。

Column　法務局における自筆証書遺言の保管制度の創設（2020年7月10日施行）

自筆証書遺言を作成した方は、法務大臣の指定する法務局へ遺言書の保管を申請することができます。

遺言者の死亡後に、相続人や受遺者らは、全国にある遺言書保管所において、遺言書が保管されているかどうかを調べること（「遺言書保管事実証明書」の交付請求）、遺言書の写しの交付を請求すること（「遺言書情報証明書」の交付請求）ができ、また、遺言書を保管している遺言書保管所において遺言書を閲覧することもできます。

図表4-4　自筆証書遺言の保管制度

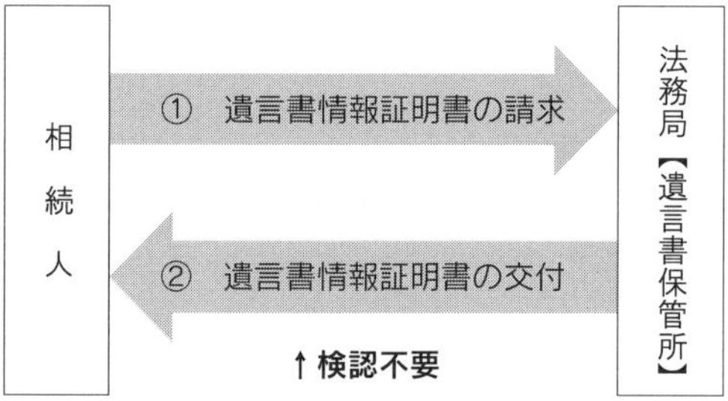

＊　遺言書の閲覧や遺言書情報証明書の交付がされると、他の相続人等に対し、遺言書を保管している旨を通知します。

◪ 賃貸借

賃貸借も人から物を借りるという意味では使用貸借と同じですが、異なるのは有償という点です。賃貸借と使用貸借を区別するのはこの有償か無償かということです。賃貸借は、レンタルDVD等を借りる際にお金を払い、見終わったら期限までに返すといったようなイメージでしょうか。

民法には「賃貸借は、当事者の一方がある物の使用及び収益を相手方にさせることを約し、相手方がこれに対してその賃料を支払うことを約することによって、その効力を生ずる。」（第601条）と規定されています。不動産の賃貸借においてはお金を払って親族や友人等から借りている場合もあるでしょうが、地主等人間関係に基づかない、第三者から借りている場合の方が多いのではないでしょうか。賃貸借の場合、契約書を取り交わしていないというケースは現在では少なくなっていますが、昔ながら、親もしくは祖父母の時代から土地を借りていて、地代のみを地主に直接納めている場合等には契約書すら取り交わしていない場合もあります。契約当初はきちんとした契約書を取り交わしていても、現在の借主が契約書を所持していない場合もあります。

こうしたケースもある意味、貸主と借主の信頼関係に基づいて長年賃貸借契約が続いていたのかもしれませんが、相続や借地権売買（借地権は使用貸借とは異なり相続や売却することもできる）、遺言書の作成を検討している方等からこれを機に賃貸借契約書（図表４－５）の作成をしたいという依頼がくることがあります。賃貸借契約書を作成するにあたっては、前提として借地権の種類を確認する必要があります。

図表4-5　土地賃貸借契約書の見本

土地賃貸借契約書

賃貸人　○○　○○（以下、「甲」という。）、賃借人　○○　○○（以下、「乙」という。）は、次のとおり土地賃貸借契約（旧借地法）を締結する。

第１条　甲は、その所有する下記の土地（以下「本件土地」という）を普通建物所有の目的を持って乙に賃貸し、乙はこれを賃借する。

所在　北区田端○丁目◯◯◯番◯

宅地　７１１．９６平方メートルの一部

（実測面積：１０３．７５㎡＊添付別紙実測図参照）

第２条　賃貸借の期間は、２０２０年6月１日から２０４０年5月３１日までの２０年間とし、期間満了後、引き続き契約を更新する場合には、世間相場にて更新料を支払う事とする。

第３条　賃料は、１か月金○○，○○○円とし、乙は、毎月末日までに、翌月分の賃料を、甲の住所に持参して支払うものとする。ただし、賃料が公租公課等の増加、土地価格の上昇その他経済事情の変動により、あるいは近隣の賃料に比して不相当になったときは、甲は乙に対し、契約期間中であっても、賃料の増額を請求することができる。

第４条　乙は、次の場合、事前に甲の書面による承諾を受けなければならない。

⑴　本件土地賃借権を譲渡し、または本件土地を転貸するとき、その他名目の如何を問わず事実上これらと同様の結果を生ずる行為をするとき。

⑵　本件土地の現状を変更しようとするとき。

⑶　本件土地上に所有する建物を改築、増築または新築、大規模修繕、大規模の模様替えをするとき。

第５条　甲は、乙が次の各号の一つに該当したときは、催告なく直ちに本契約を解除することができる。

⑴　３か月分以上賃料の支払いを怠ったとき。

⑵　賃料の支払いをしばしば遅滞し、その遅延が甲乙間の信頼関係を著しく損なうと認められるとき。

⑶　前条の規定に違反したとき。

⑷　その他本契約に違反したとき。

第6条　乙は善良なる管理者の注意を以って本件土地を利用し、次のことに注意する。

⑴　第三者から本件土地を侵害されないこと。

⑵　本件土地付属設備（境界石、通路、擁壁など）を維持、管理すること。

⑶　本件土地の境界を乱さないこと。

⑷　本件土地に於いて、危険・不潔・騒擾、その他近隣の迷惑となる行為を行わないこと。

第7条　本契約に関する紛争については、甲の居住地を管轄する裁判所を第一審の管轄裁判所とする。

第8条　（特約事項）

⑴　本契約にあたり、甲、乙両者は、東京都暴力団排除条例の内容を理解していること、及び両者は自らが暴力団関係者などの反社会的勢力でない事を確約する。また、本件土地及びその土地上の建物、構築物などの使用、賃貸及び譲渡などにあたっては同条例の条項に準拠するものとし、万が一、同条例に対する違背が明らかになった場合には、本契約の解除を含め、同条例に基づいて処置する事とする。

⑵　第4条3号における増築、改築、新築、大規模修繕及び大規模の模様替えについては、建築図面等と旧借地法による普通建物である事を確認できる書類を提出する。

⑶　本件土地上建物の建替えにより土地の租税公課につき小規模住宅用地の特例の適用が受けられず税額が増加した場合、その差額は乙の負担とし、乙は協議により決定する差額を甲に対し支払うものとする。

以上、本契約成立の証として、本書を二通作成し、甲乙は署名押印のうえ、それぞれ1通を保管する。

２０２０年5月３０日

賃貸主（甲）　住所

氏名

賃借主（乙）　住所

氏名

図表4-6　実測図

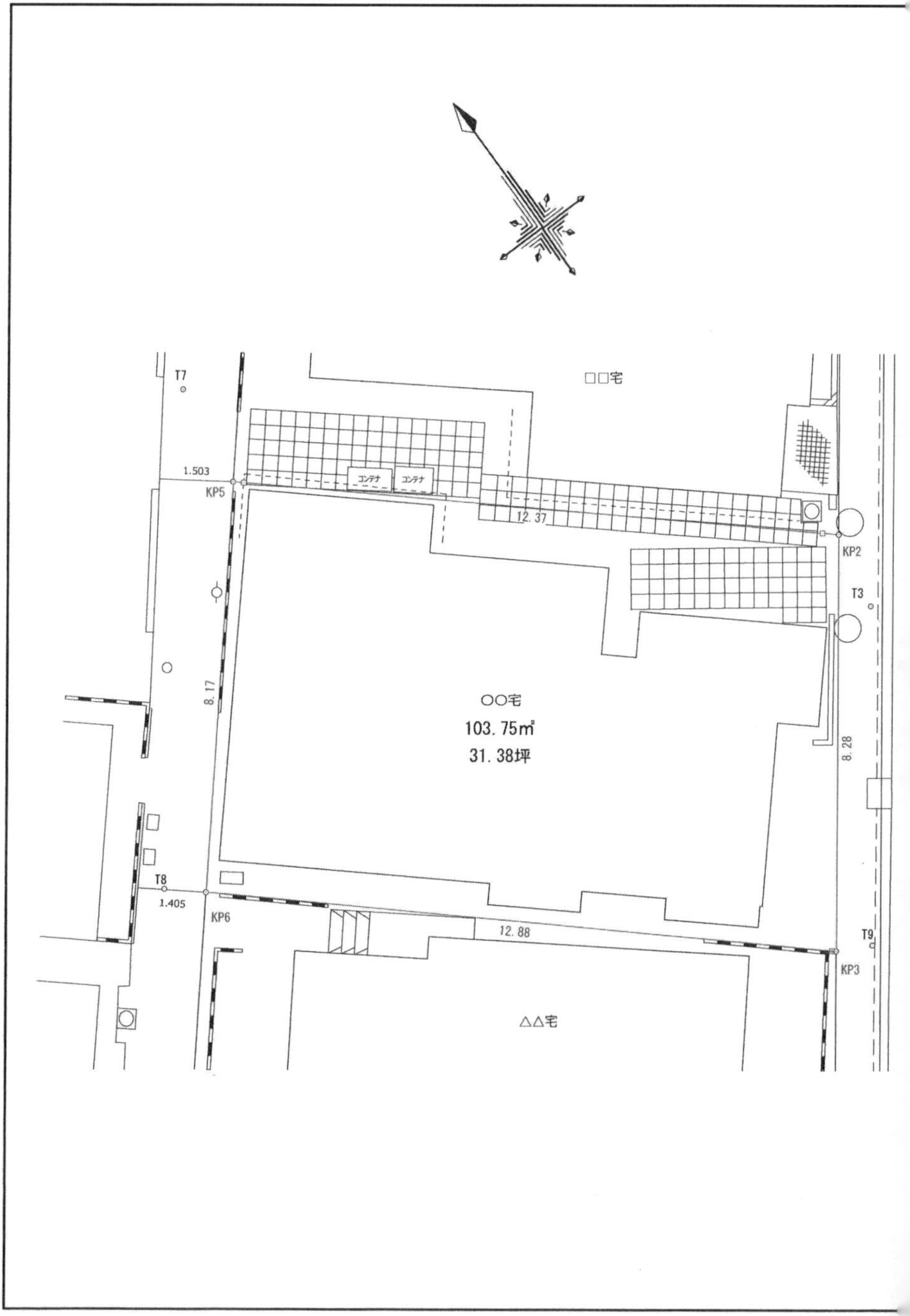
□□宅
T7
1.503
KP5
コンテナ
コンテナ
12. 37
KP2
T3
8. 17
○○宅
103. 75㎡
31. 38坪
8. 28
T8
1.405
KP6
12. 88
T9
KP3
△△宅

求積表

地番	○○様			
NO	Xn	Yn	Yn+1−Yn−1	Xn・(Yn+1−Yn−1)
KP2	520.795	514.694	−4.430	−2307.121850
KP5	528.924	505.358	−14.571	−7706.951604
KP6	522.641	500.123	4.430	2315.299630
KP3	514.121	509.788	14.571	7491.257091
			合計	−207.516733
			合計面積	103.7583665
			地積	103.75 ㎡

点名	X座標	Y座標	備考
T3	519.252	514.388	金属鋲
T7	531.002	505.614	金属鋲
T8	523.200	499.470	金属鋲
T9	513.779	510.454	金属鋲

図面名	実測図
所在	東京都北区田端○丁目○○○番○の一部
縮尺	1：100
作成者	土地家屋調査士事務所トラスト・スクエア

◉ 借地権の種類

借地権の種類には、旧法借地権、普通借地権、定期借地権の３つがあり、どの借地権契約を結んでいるかによって、更新の有無や契約期間に違いがあります。

旧法借地権は 1992 年（平成４年）年７月 31 日までに借地権契約が結ばれたものです。石造建物等、堅固な建物は 30 年以上、更新後も 30 年（契約の定めがなければ 60 年）の存続期間が設けられ、木造建物等、非堅固な建物は 20 年以上、更新後も 20 年（契約の定めがなければ 30 年）の存続期間が設けられていました。

普通借地権は 1992 年（平成４年）８月１日に制定された新法が適用された借地権で、存続期間が短縮されました。建物の区分がなくなり、一律 30 年の契約ですが、更新後は原則 10 年（１回目の更新時のみ 20 年）と定められました。

定期借地権も同じく新法が適用された借地権ですが、一般定期借地権の存続期間は 50 年以上と定められました（事業用借地権、建物譲渡特約付き借地権を除く）。定期借地権は、更新のない借地権で、存続期間が終了すると、地主へ土地を返還しなければならず、新たな契約の更新や建物の買取りを地主に求めることができません。

賃貸借契約書の内容も当然、借地権の契約内容によって異なりますし、契約ですので貸主と借主の合意により法律に反しない限り約束事を契約内容に反映させることができます。

◉ 借地権のトラブル

借地権のトラブルについては訴訟性を含む場合、行政書士は相談を受けることはできません。しかし、話を聞いてみないことには行政書士で対応できない事案かどうかはわかりませんし、弁護士や司法書士を紹介するにしても、どのような依頼なのか相談者の話を整理して伝えることにより、その後の流れがスムーズになります。

相談者の中にはお金がかかってもいいから専門家に任せて早く問題を解決

したいという方もいれば、できれば第三者を挟まずに自分で相手方と話して解決したいという方、あるいは話を聞いてみて、場合によっては依頼をしたいという方等、様々です。こればかりは相談者の性格によるところも大きいですが、自分で問題解決したいという人の中には内容証明郵便の作成はお願いしたいという方もいますし、自身が相手方と話した上で賃貸借契約書を見直したいという方もいます。その場合には、あえて弁護士に頼まずとも行政書士でお手伝いできることもあります。そうした場合に前提となる知識は多いに越したことはありません。以下にこれまでの筆者の事務所に寄せられた相談事例のうち、比較的多かった２件についてご紹介します。

◦ 相談事例①

賃貸借契約の更新にあたり、地主から更新料を 100 万円請求されました。これは払わないといけないのですか？

アパートなどの建物の賃貸のように、２年程で更新が行われるような場合には比較的頻繁に行う手続きであり、更新の時期が近づくと更新料を払って契約を更新するか、あるいは更新せずに建物を引き渡すということに馴染みはあるかもしれません。ところが、建物敷地を借りている場合には、前述したように契約をして更新するまでに 20 年もしくは 30 年経過していることもあります。そうなってくると、初めての更新ではなくとも、前回更新料を払ったのか記憶していない方も大勢います。あるいは前回の更新の際は親が手続きを行っており、その後相続で引き継いだ方が今回更新を行うような場合は突然更新料を請求されたと感じる方も少なくありません。

それゆえ、このような相談を受けることがあるのですが、更新料の支払義務に関しては昭和 51 年 10 月１日の最高裁判所判決において「宅地賃貸借契約の法定更新（借地法６条）に際して、賃借人（借地人）が賃貸人（地主）に対して更新料を支払うべきであるとする慣習は存在しない」として更新料の支払義務を否定しています。ただし、契約によって更新料の支払いについて定めている場合には、この限りではありません。昭和 59 年４月 20 日の最高裁判所判決では「更新料の支払約束が、更新後の賃貸借契約の重要な要素として組み込まれているときは、更新料の不払いは、契約当事者の間の信頼関係を破壊する著しい背信行為として、賃貸借契約の解除原因になる」と判示しています。つまり、更新料の支払義務は契約に定められているかで決まり、定められている場合には更新料の支払いを拒むことはできません。

では、求められた更新料が妥当なのかという疑問はどうでしょうか。これについては当事者間の合意があればいくらでもよいため、その妥当性を図ることは難しいです。ちなみに参考までに更新料＝借地権価額× 0.05 ~ 0.10 が目安ともいわれますが、一応の目安でしかありません[1]。

更新料の金額について不服がある場合は貸主との話し合いで解決するしかありませんが、話し合いが上手くいかない場合は調停あるいは訴訟等による解決を検討する必要があります。相談者がそこまでの手続きを望むのであれば、貸主との話し合いの前に一度弁護士に相談してから、交渉を進めるほうがよいでしょう。

◦ 相談事例②

地主から地代を引き上げると言われたけど、断ることはできますか？

地主が地代の引き上げをいくら要求しようと自由です。しかし、借地人がこれに応じなければ、相当な範囲内でしかその効力は生じず、その額は社会的に妥当なものでなければなりません。社会的に妥当な額がいくらなのかは最終的には裁判で判断を仰ぐことになります。判例等によると、適正な地代とは近隣の地代等を参考に、更地価格の 1.5％ぐらいで算出し、それに必要経費を加えた額のようです。地主は社会事情や税金・近隣土地価格の上昇等により、地代の値上げを請求することができます。地主から値上げの要求があった場合には協議を行い、合意に至らなかった場合には、借地人は裁判の確定までは従前どおりの額を支払っておけばよく、仮に地主が受領しなければ、地代を供託することもできます[2]。

地主と借地人との協議が成立すれば、地代はその合意した額になりますが、協議が上手くいかない場合には相談事例①と同様弁護士へ相談することも視野にいれた方がよいでしょう。

1　借地権価額は更地価額の 5 ~ 8 割。

2　裁判判定後には確定額と実際の支払額の差額に年 10％の利息をつけて清算します。

宅地に対する利用権限には前述したとおり、所有権、使用貸借、賃貸借等があります。利用権限がわかれば、その後宅地を利用する際の諸手続きにおいて申請書類への署名押印を誰へ依頼するかがわかります。例えば建物を建築する際に、官公庁へ提出する書類の中には土地所有者と建築主が異なる場合に、それぞれの署名押印が求められることもあります。手続きの期限に余裕がある場合は別として、期限が迫っている状況で、後から土地所有者と手続きを行う申請者が異なることに気付くと必要書類の案内や署名押印が間に合わなくなる可能性もあります。事前確認は必ずしておきましょう。

敷地調査

宅地を利用する目的の多くは建築物の建築です。更地のまま駐車場等に利用することもありますが、筆者の事務所では建築物の建築を前提として、対象敷地についてどのような建築物を建てることができるのかという事前調査の依頼を受け、調査報告書を作成しています。この調査のことを敷地調査と呼んでいます。土地に建築物を建てる場合、自身の土地だからといって、無制限に建築することができるわけではなく、そこには法律や条例等により様々な制限が設けられています。

不動産業者等は、土地の取引を行う場合や建築物の建築計画を立てる上で市役所等へ行って、どのような条件や制限があるのか調査しています。この調査にミスや確認もれがあると、取引後もしくは建築段階になって、目的を達することができず、場合によっては損害賠償責任が生ずることもあります。それゆえ、筆者の事務所でも不動産業者自身が調査した上で、いわゆるセカンドオピニオン的に調査の依頼を承っています。二重に調査をすることにより、ミスや確認もれをなくすことができ、仮に２つの調査結果に相違がある場合には再度役所へ確認を行うこともできます。

調査の結果、当該地域では建築前に行政への届出等各種手続きが必要となる場合があります。依頼者へ報告後、そのまま手続きを依頼されることもあります。実際に役所へ申請するものにはどのようなものがあるか代表的なものをいくつかご紹介します。

都市計画法第 53 条第 1 項の届出

対象敷地が道路、公園等の都市計画施設や土地区画整理事業の施工予定区域内に該当する場合、建築行為を行うには、着工前に都市計画法第 53 条第 1 項の届出を行う必要があります。

都市計画施設等とは都市計画に基づき公園や道路の拡幅等が計画されている土地で、都市計画区域内において建築する場合に第 53 条許可により、都市計画区域内であっても一定の要件を満たせば建築物を建築することができます。

将来的な都市計画事業の円滑な執行を確保することを目的としていますが、せっかく建築した建築物をすぐに取り壊さないといけないかといえば、必ずしもそうではありません。そもそも都市計画施設等は計画決定から完了までには長い年月がかかります。20 年、30 年かかるものや計画決定後、まったく手がつけられていないものもあります。いくら行政が行う事業とはいえ、現在生活している住民の土地を無理やり取り上げ、道路等を敷設することはできず、やはり住民の理解を得ながら事業を進めていく必要があるため、場合によっては長い年月がかかってしまいます。そのため、都市計画施設区域内に該当するからといって、建築物の建築を認めないといつ終わるかしれない計画のために土地を無駄に遊ばせておくことにもなりかねません。そこで、都市計画事業への協力を前提に一定条件を満たした建築物の建築を認めており、そのための手続きが都市計画法第 53 条の届出となります。

埋蔵文化財の届出

建築物を建築する際に建築敷地が埋蔵文化財の包蔵地に該当する場合には、埋蔵文化財の届出が必要となります。埋蔵文化財の包蔵地とは周辺において過去に出土品の出土等により貝塚、住居跡、古墳その他の遺跡と認められるものが発見された経緯がある等の事情により、新たに出土品が発掘される可能性が高い地域を定めたものです。

包蔵地に指定されると工事着手前の届出が必要となるとともに、場合によっては試掘調査等が行われます。試掘調査又は工事段階で文化財が発見された場合には工事が一定期間中止させられることもありますので、スケジュールや必要な手続きについては事前に確認が必要となります。

また、埋蔵文化財の包蔵地に該当していなくても、工事着手後に出土品等が発掘された場合には届出をする必要があります。

地区計画の届出

地区計画とは適正な土地利用を実現する上で、地区ごとの課題や特徴を踏まえ、地域環境の維持や保全を目的として住民と市区町村とが連携しながら、地区の目指すべき将来像の実現に向けた取組みのことです。

都市計画に位置付けてまちづくりを進めていきますが、例えば地区計画には以下のようなものがあります。

・　容積率の最高限度の定め（良好な住環境の保全）
・　最低敷地面積の定め（敷地の細分化を防止）
・　壁面位置の後退・建築物の色彩等の制限（統一感のある景観の保護）
　＊　他にも高さ制限や建築物の用途を制限することもできます。

建築物を計画する際にはこの地区計画に則った計画が求められ、それが守られているか確認するため、工事着手前に地区計画の届出が求められています。

開発許可申請

開発許可制度は良好かつ安全な市街地の形成と無秩序な市街化の防止を目的とし、一定規模以上の開発行為を行うためには知事又は市長等から開発許可を受ける必要があります。開発許可の対象となる開発行為とは建築物の建築又は特定工作物の建設のために土地の区画形質を変更することです。具体的には次のような開発行為には開発許可が必要となります。

◉ 都市計画区域

▶ 線引き都市計画区域

● 市街化区域

1,000㎡（三大都市圏の既成市街地、近郊整備地帯は500㎡）以上

開発許可権者が条例で 300㎡まで引下げ可

● 市街化調整区域

原則として全ての開発行為

農業関係者等の住宅及び農業用等の建築物を建築するための開発行為は許可が不要

▶ 非線引き都市計画区域

3,000㎡以上

開発許可権者が条例で 300㎡まで引下げ可

● 準都市計画区域

3,000㎡以上

開発許可権者が条例で 300㎡まで引下げ可

● 都市計画区域及び準都市計画区域外

1ヘクタール以上

? 用語解説

都市計画区域

都市計画区域とは、都市計画を実施していく区域のことで、開発、整備、保全する必要のある地域のことを指します。 都市計画区域内で、どの地域の開発を促進し、どの地域の開発を抑制するのか等を分けることにより、計画的に街づくりを進めることができます。この都市計画区域は、都市計画法に基づいて都道府県知事や国土交通大臣が指定します。

線引き都市計画区域

線引き都市計画区域とは、市街化区域と市街化調整区域とに区分されている（これを線引き（区域区分）という）都市計画区域をいい、市街化区域と市街化調整区域とが区分されていない都市計画区域のことを非線引き都市計画区域といいます。

市街化区域、市街化調整区域

市街化区域とは、都市計画法で指定される都市計画区域の１つで、既に市街化がされている区域と、概ね 10 年以内に市街化を図るべき区域とされています。

　市街化区域は、用途地域が定められており、自治体によって都市施設（道路、上下水道等）の整備や土地区画整理事業等による整備が積極的に進められている区域でもあります。

　一方、市街化調整区域は、市街化を抑制し、自然環境等の保全等を目的とした区域で、用途地域は基本的に定められていません。自治体等による都市施設の整備も原則行わないこととなっており、新たな開発・建築行為等には制限があります（第６章参照）。

土地区画整理法第 76 条第 1 項申請

　土地区画整理事業の施工予定区域内において建築行為を行うためには都市計画法第 53 条の許可申請が必要な旨、前述しましたが、現在、土地区画整理事業を施工中又は施工済みの区域においては、土地区画整理法第 76 条の許可申請が必要となります。これは建築予定の建築物等が区画整理事業の実施の障害とならないようにするとともに、建築後、事業の都合上立ち退きを要請するような事態にならないよう、土地の所有者の財産を保全するために、工事着手前に許可申請を求めたものです。

? 用語解説

土地区画整理事業

　土地区画整理事業は道路、公園等の公共施設を整備・改善し、土地の区画を整え宅地の利用の増進を目的としています。例えば、公共施設が不十分な区域では、地権者からその権利に応じて少しずつ土地を提供してもらい（減歩）、提供された土地を道路や公園等の公共用地に充てるほか、一部は売却し事業資金に充てています（公共用地が増える分に充てるのが公共減歩、事業資金に充てるのが保留地減歩という）。

　事業資金は、保留地処分金のほか、公共側から支出される都市計画道路や公共施設等の整備費（用地費分を含む）に相当する資金から構成されています。これらの資金を財源に、公共施設の工事、宅地の整地、家屋の移転補償等が行われています。

地権者においては、土地区画整理事業後の宅地の面積はほとんどの場合、従前より小さくなるものの、都市計画道路や公園等の公共施設が整備され、土地の区画が整うことにより、利用上の便益が上がり、収益性の高い宅地が得られるメリットがあります。

用語解説

仮換地指定

区画整理事業は全ての整備が完了すると、換地処分により事業が終了します。しかしながら、全ての整備を行うには長い年月を費やすことから、事業が開始されると区画整理地内は順次、整備が進められていきます。その間、土地の区画形状が変化し、新たに道路等が設けられると、区画整理地内の土地は事業の経過とともに変化していきます。

そのため、工事の進捗とともに、現況に合わせて、公図や謄本を修正していければよいのですが、区画整理事業中に何度も公図や謄本を変更していては法務局の作業が追いつきません。そこで区画整理地内では現況と公図や謄本に一時的にずれが生じてしまいますが、換地処分後（区画整理事業終了後）に公図の形状や謄本の所在等を変更します。

しかし、それでは区画整理地内の不動産を取引する際や建物を建築する際に現況を表わした図面等がないとこれまで指針としていたものがなくなり、不便です。そこで、区画整理事業中については、区画整理計画に基づいた仮の地図や所在が指定（仮換地指定）されます。

仮換地指定がなされると、この地域は換地処分後にこういった形状になりますといった予定図（仮換地図）や不動産の取引があった土地の権利移転を反映させる仮の所在が割り当てられ（従前地）、区画整理事業中であっても土地の権利をスムーズに動かすことができるようになっています。

建築協定

建築協定とは、地域住民の取決め（土地所有者等全員の合意）により定めるもので、住宅地としての環境や商店街としての利便を高度に維持増進すること等を目的とし、敷地や建築物に建築基準法による最低基準を超えた高度な基準を設ける民間の協定のことです。簡単に言うと、例えばその地域に住む住民自身が町の景観を守るため、また住みやすくするために必要なルール等を定めたものです。

特定行政庁（知事・市長など）の認可を受けることにより、第三者が当該協定の目的となっている土地等を取得した際に、当該第三者も拘束されることから、協定内容の安定性・永続性が保証されています。特定行政庁が認可の公告をした場合、その公告の日以後に土地所有者・借地権者となった者についても効力が生じます（建築基準法第75条）。

建築協定では、以下のような規制をすることができます。

・　敷地の最低面積
・　敷地境界線からの外壁の後退距離の最低限度
・　建築物の耐火性・用途・階数・色彩や意匠
　＊　その他、設備の設置場所等を規制し、地域で統一することができます。

同じような法的規制である地区計画は、都市計画の決定手続を経なければならないのに対して、建築協定は住民の合意という比較的簡便な手続きで設定できます。

建築協定区域内で建築行為等を行う場合は、その計画が建築協定の内容に適合している必要がありますので、どのような手続きが必要になるかは事前に該当する建築協定の運営委員会に確認が必要です。また、運営委員会の承認等、建築確認申請前に必要となる手続きもあります。

ここまでに紹介した手続き以外にも各市町村が独自に建築を行う際に必要な手続きを定めている場合もありますので、関係各課を周り必要な手続きがないか確認しましょう。行政の窓口にもよりますが、こちらから細かく聞かないと教えてくれない場合もありますので、調査時には注意が必要です。

相隣関係

宅地に対する利用権限があり、法律や条例を順守して建築物を建築した後、そこからは実際にその土地での生活が始まります。人が生活する上で近隣住民の方とまったく関わらずに生活することは難しいでしょう。それは挨拶を交わすだけかもしれませんし、地域の当番などで協力することもあるでしょう。しかし、人と人が接するとそこにはトラブルが発生する可能性があります。同じような価値観や考え方の人が集まればそういった可能性は少なくなるかもしれませんが、住環境において人間関係を選ぶことは難しく、多くの場合、偶然近隣住民になることがほとんどです。特に隣人とはより良い人間関係を築かなければ、利害が対立するケースが出てきます。騒音（生活音、ピアノ、子供の声等）や臭気（タバコ、ペットの糞、ゴミの放置）、所有物の越境（植物や私有物等）等、原因を上げたらきりがありません。

普段からある程度の人間関係が築けていれば、それらはトラブルまで発展せずに互いの声掛けで解決できるかもしれませんし、今後の関係性を意識して我慢できる範囲であれば受忍する場合もあるでしょう。しかし、隣人と不仲又は普段から付き合いがない場合、相手の些細な行動でも我慢できないことがありますし、そもそも人間関係が希薄な状態では、相手への配慮や気遣いのない勝手気ままな行動になってしまうこともあります。

何度もお願いや注意をしても改善されず、警察を呼ぶというケースもありますが、基本的に警察は民事不介入ですので、根本的な解決にはなりません。相手方との積極的な交渉やその後の裁判まで見据えた場合にはやはり弁護士への依頼が必要ですが、日本ではまだまだ隣人とのトラブルで弁護士を立ててまで事を荒立てたくないと考える方が少なくありません。そこで、何か自分たちで解決できる方法はないかと、行政書士に相談に来ることがあります。

もちろん相手方とのトラブルを行政書士が相談者の代わりに解決することはできませんが、ここでは筆者が相隣関係の相談を受けた事例を２つ紹介します。１つは覚書を作成したケース（相談事例③）で、もう１つは相手方へ内容証明郵便を送付したケース（相談事例④）です。相隣トラブルの場合、相談者、隣人、トラブル内容が似たようなケースであっても画一的な解決策はありません。また、最終的に裁判を行っても相手方が判決に従って原因を解消してくれるかどうかもわかりません。慰謝料や損害賠償等金銭的な負担で心理的、間接的に相手へ強制することはできるかもしれませんが、強制執行や差し押さえ等、どこまで行うのか、自身で行うのか弁護士へその都度依頼するのか等、問題に対してどこまでの労力と費用をかけるのかは早い段階で線引きをしておかないと泥沼にはまってしまいます。

相隣トラブルで本当に悩んでいる相談者には不謹慎な言い方になるかもしれませんが、費用対効果は伝えておくべきだと思います。つまりどこまで労力を費やしても必ずしも問題が解決するとは限らないということです。相談者の中には専門家に任せれば解決すると考えてしまう方もいます。期待だけさせて、結果、費用だけかかったのでは相談者に申し訳ありません。効果が期待できない可能性も事前に伝えておくべきだと思います。

ここまで聞くと、そんなことを言われたら誰も専門家に依頼しないのではないかと思われるかもしれませんが、実際に相談に来る方は本当に日常生活で困っており、藁にも縋る思いで相談に来ます。そういった方は改善の余地が少しでもあるのならばお願いしたいということで依頼しているのです。もちろん、散々リスクの説明をしておきながら、いざ受任してみると存外スムーズに話が進み、問題が解決するということもあります。その場合は相談者から感謝こそされますが、「言っていたことと違うじゃないか」と怒られるようなことはありませんので、事前に伝えるべきことはしっかりと伝えておきましょう。

相談事例③

覚書を作成したケース

相談者（以下、甲という）は隣地所有者（以下、乙という）の売却に伴う土地境界確定の立会い依頼の要請を受け、境界を確認し、境界確認書へ署名・押印を行いました。その際に、甲所有建物の２階屋根が乙土地に一部越境している旨の指摘を受けましたが、屋根の越境については特に書面等の取り交わしは行いませんでした。

その後、乙は不動産会社（以下、丙という）へ土地の売却を行いました。後日、丙の担当者が甲のもとへ建築の挨拶へ来た際に、甲所有建物の屋根が乙土地に越境しているので、越境を解消して欲しいとの指摘を受けました。

屋根の越境を解消するためには、改修工事が必要なため、すぐには行えない旨伝えましたが、建築のスケジュールもあるので、早めに工事をするように言われました。

甲は高齢で現在は年金暮らしのため、すぐに屋根改修工事費を捻出することが困難であったため、その旨申し伝えましたが、丙の担当者からは「建築工事ができなくてこちらも困る」と言われて取り合ってもらえませんでした。

丙の立場からすると、屋根がたとえ数センチでも自身の土地に越境しているのであれば所有権に基づき妨害排除請求をすることも可能かもしれません。しかし、境界確認時に屋根が越境していることは甲乙間で共通認識としてあったのですから、乙及び丙側には売買時点において屋根が越境していることは認識していたと考えられます。仮に丙が知らなくとも乙は申し送りしておく事項だと思います。越境を認識した上で購入したにもかかわらず、建築工事前に越境解消を求めるのは少々乱暴な気がします。

筆者の事務所へ越境に関する相談が寄せられる場合には、基本的に売買成立前に越境について書面を取り交わしています。今回のケースも、甲には即座の越境解消ではなく、現状のまま使用させてもらう代わりに、今後屋根の改修工事、建替え等を行う際には越境を解消する旨の覚書（図表４－６）を差し入れる旨、丙の担当者ではなく、決裁権のある上席に交渉してみてはどうかと伝えました。結果、丙側もこの提案を受け入れ、甲は改修工事を行わずに済ませることができました。

工作物に関する覚書

土地の所在　甲　東京都○○区○○町○丁目２番１
　　　　　　乙　東京都○○区○○町○丁目２番２

上記の土地所有者は、以下の通り合意致しました。

1)　甲と乙は、令和○年○月○日現地立会に於いて乙の敷地内に、甲所有建物の２階屋根の一部が境界線より突出している事を確認した。
(別紙：越境詳細図のとおり)

2)　乙は、前記の甲の越境物に関して存する限りは現状承諾するものとする。

3)　甲は、今後新たに前記の工作物を新設・改修する場合等は、合意した境界線内に築造するものとし、越境を解消するものとする。

4)　本書は、上記土地の所有権譲渡を受けた第三者に継承させるものとする。

以上、本書２通を作成し、押印・捺印のうえ各自１通を保有する。

令和　　年　　月　　日

甲　住所＿＿＿＿＿＿＿＿＿＿＿＿＿＿＿＿

　　氏名＿＿＿＿＿＿＿＿＿＿＿＿＿＿＿＿　印

令和　　年　　月　　日

乙　住所＿＿＿＿＿＿＿＿＿＿＿＿＿＿＿＿

　　氏名＿＿＿＿＿＿＿＿＿＿＿＿＿＿＿＿　印

図表4-8　越境詳細図

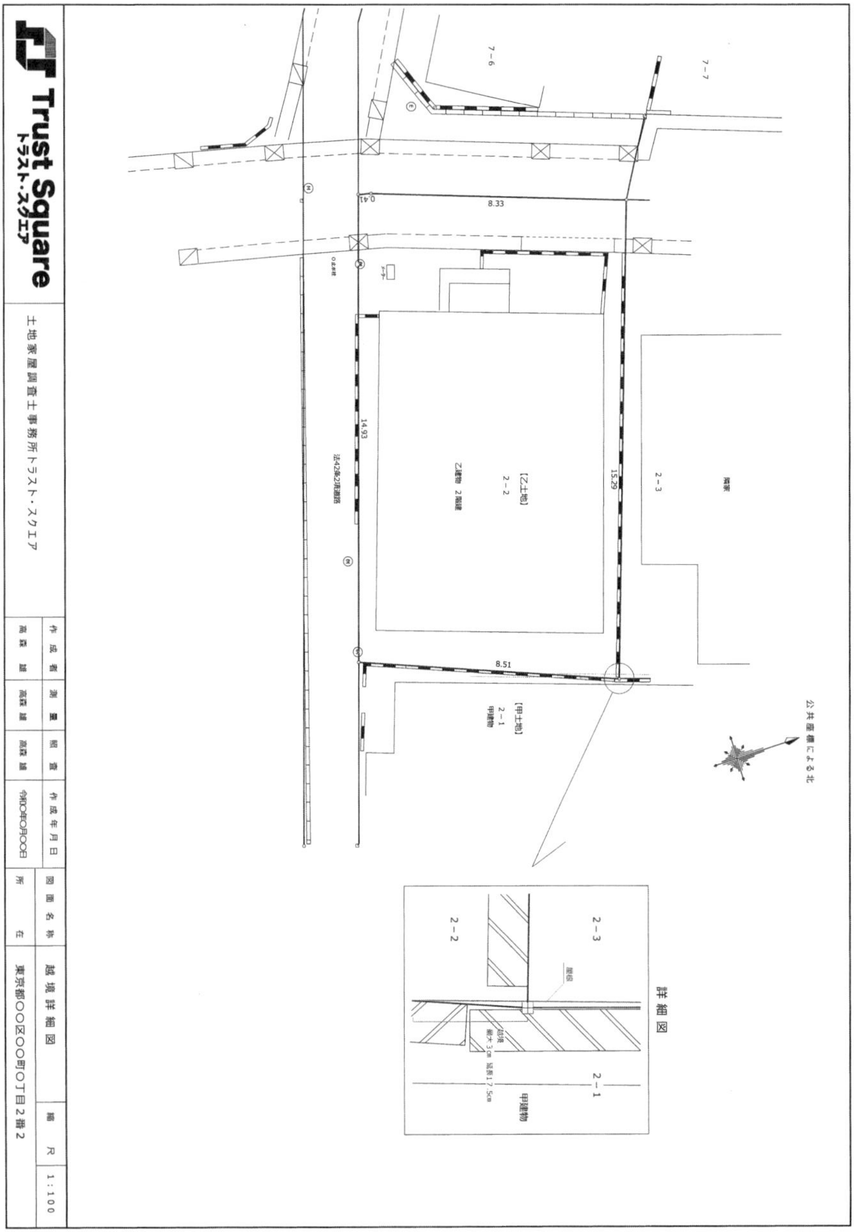

Trust Square
トラスト・スクエア
土地家屋調査士事務所トラスト・スクエア
作成者
測量
調査
作成年月日
令和〇年〇月〇〇日
図面名称
越境詳細図
縮尺
1:100
所在
東京都〇〇区〇〇町〇丁目2番2
【乙土地】
2−2
乙建物 2階建
【甲土地】
2−1
甲建物
2−3
7−6
7−7
8.33
0.41
14.93
15.29
8.51
法42条2項道路
公共座標による北
詳細図
2−3
2−2
2−1
甲建物

◦ 相談事例④

相手方へ内容証明郵便を送付したケース

相談者（以下、甲という）の土地Aは私道に接しており、その私道には甲の土地の外に４筆の土地が接する行き止まり道路でした。私道はＡＢＣＤＥの土地所有者の共有です（図表４－７参照）。

図表4-9　相談された私道の概要

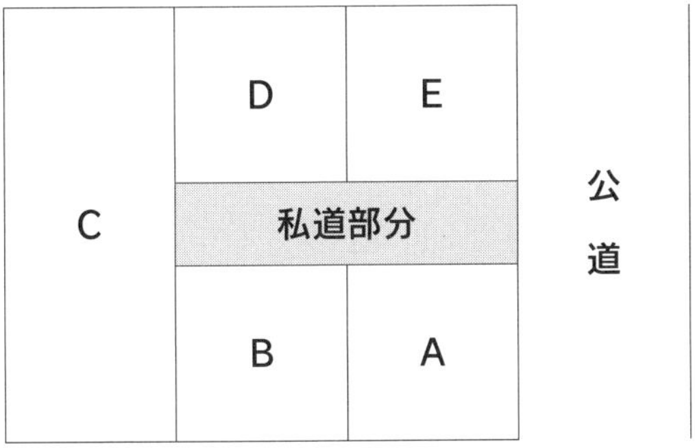

Cの土地には町工場（以下、乙という）があり、Dの土地も所有者は乙であり、乙の資材置き場として使用しています。Bは空き家で現在誰も住んでいません。

乙は以前より廃材をDの土地に置いて管理していましたが、だんだんと量が増えてきて、廃材がDの土地からあふれ、私道部分にはみ出すようになっていました。甲は以前より私道は皆の共有地であり、物を置かないように注意していましたが、Bの土地が空き家になってからはＣＤＢの前面私道部分に堂々と廃材を置くようになり、常時物が置かれている状態となりました。

また業者等が乙を訪れる際にはＡＥの土地の前面私道部分に車を停車するようになりました（時にアイドリング状態で）。さらに、その出入り業者と乙の従業員はBの土地の前あたりで喫煙をしており、甲の建物の窓を開けていると臭いが入ってくることがありました。乙は以前、不審火による火事を出したこともあり、甲は私道部分の廃材に万一火が燃え移った場合には甲も被害を受ける可能性が高いこと等から、乙に対し現状を改善するように再三注意しましたが、受け入れられませんでした（私道の内、自分の所有地の前は自由に使えるというような反論をされ、さらに廃材については、乙のあずかり知らない第三者も勝手に廃棄している場合もあり、全てが自社のものではない旨を主張してきました）。そこで、甲は廃材の撤去、アイドリングによる騒音、喫煙による臭気を改善させるために何かよい方法がないか筆者の事務所へ相談にきました。

筆者はこの事案は既に紛争性が高く弁護士への相談をお勧めしました。相手方が応じなければ、裁判、その後の強制執行等、費用も期間もかかる可能性も伝えたところ、弁護士に頼む前に、何か自分でできることはないのか尋ねられましたので、内容証明郵便（図表４－10）の送付を提案しました。

本件では、内容証明郵便を送付したところ、乙側が弁護士を立てましたが、甲と弁護士との話し合いにより、今後は私道部分に廃材を置かないことと、Aの土地付近では喫煙を行わない等改善してもらえることとなりました（私道部分への車の停車については資材の搬入作業等もあるため甲側が了承。また、アイドリングはしない旨申入れ）。

図表4-10　内容証明郵便の例

令和2年○月○日

東京都○○区○○町○丁目○番○号

山田　○○　殿

通知書

東京都○○区○○町○丁目○番○号

通知人　鈴木　○○

TEL03－○○○○－○○○○

冠省

1　被通知人山田○○殿（以下「被通知人山田殿」といいます。）は、○区○○町○丁目○番○号の土地（以下「本件共有地」といいます。）を通知人鈴木○○（以下「通知人」といいます。）らと共有し、自身の経営する工場「山田製作所」（以下「被通知人山田製作所」といいます。）への通路として利用をしておりますが、本件共有地は、三方を木造建造物（以下「本件接道建物」といいます。）に囲まれた狭長な路地上の土地となっています。そのため、同共有地上に設置された可燃物から出火した場合、本件接道建物に直ちに引火する危険な形状をしております。

しかしながら、被通知人山田殿は、被通知人山田製作所で使用するため、同共有地上に廃材を設置し、同共有地を独占的に占有するのみならず、本件接道建物に引火の危険を生じさせております。

たとえ共有持分権をもっていても、共有地を他の共有者の占有を排除することはできないことは当然ですので、通知人は、被通知人山田殿に対し、直ちに廃材を撤去するよう通知します。なお、仮に廃材を放置し続けた結果、放火であっても火災が発生した場合、本件接道建物について引火することは自明の理ですので、仮に、火災により延焼が生じた場合には、失火責任法上の重過失が認められるものと考えられますので、その旨ご留意ください。なお、廃材の設置が被通知人山田殿の預かり知らぬところで行われている場合は、不審者、不審人物を発見した際は、当然、通知人においても警察への通報を行いますが、被通知人山田殿においても、警察への通報をして頂くようお願いいたします。

2　あわせて、通知人は、被通知人山田製作所に対しては、以下の要望をいたしますので、被通知人山田製作所おいて、善処頂けるようお願い致します。

　本件共有地上に設置された喫煙スペースにおいて被通知人山田製作所従業員及び関係業者が喫煙する際に、タバコの煙が通知人宅へ流れてきますので、こちらについては、工場内に喫煙室を設置する等の対策を取って頂きますようお願い致します。

　また、本件共有地に、被通知人山田殿の関係業者が、車を駐車し、通知人において使用できなくなることが度々ありますので、今後は、同様の行為をやめさせて頂くようお願い致します。

３　以上、通知人としては争うことなく、話合いで解決することを望んでおりますが、被通知人らのご協力が得られない場合、誠に残念ながら、今後は法的手続きに移行させて頂きます。その場合は、弁護士より被通知人らへご連絡させて頂きますので、以降私への直接のご連絡はご遠慮頂きます様、お願い申し上げます。

草々

用語解説

内容証明郵便

内容証明郵便とは、いつ、いかなる内容の文書を誰から誰あてに差し出されたかということを、差出人が作成した謄本によって郵便局が証明する制度を利用した郵送方法のことです。

内容証明郵便を送るメリットとしては相手方にとっては普段受け取ることのない書面のため、心理的な圧迫感を与えることができ、文面にもよりますが、人によっては内容証明郵便に驚いて対応をしてくれた、というような話も聞きます。何より内容証明があれば「言った」「言っていない」といった水掛け論を防ぐことができますし、後々裁判に進んだとしても、証拠資料として提出することができます。いずれにせよ、何もしないよりは相手方の改善を期待できる手段ではあります。デメリットとしては内容証明郵便自体には強制力がないため、無視されてしまうとそこまでなので、相手方によっては無駄になってしまうということです。

相談事例③、④はどちらも相手方が対応してくれたため、結果として上手くいったケースです。事案によっては相手方に無視をされることや、こちら側の対応を不快に感じ、嫌がらせのように現状より悪化してしまう可能性もあります。筆者の事務所に相談があったケースでは悪化したということは聞いたことはありませんが、無視をされるケースはあります。

相隣関係はデリケートな問題ですので、筆者は行政書士に相談すれば解決できるというよりも、お手伝いできることが何かあるかもしれないという考えで相談者の話を聴くようにしています。相談の中には、相談者がどんなに健全な人間関係を築こうと努力して、相手方に歩み寄ろうとしても、相手方がそもそも人と関わりたくないという方のように、自分の努力ではどうしようもない場合もあります。迷惑行為を繰り返す人物やゴミ屋敷の住人等、近年ではニュースで目にする機会も増えています。そうした中で行政書士にできることには限界がありますので、相談を受ける際には弁護士や行政への相談をお勧めすることも視野に入れて話を聴き、総合的に判断して、相談者へアドバイスしましょう。

第5章

道路等に関する不動産実務

不動産実務において宅地とともに切っても切れない関係にあるのが道路に関する取扱いです。都市計画区域内の宅地に建築物を建築するには原則道路に接していなければなりません（接道義務）。その接する道路にしても、ただ宅地の前に道があればいいわけではありません。その接している道路が建築基準法に定められた道路でなければなりません。

道路にはいくつかの種類があります。この章では道路に関する知識と行政書士が行うことのできる手続き及び相談事例について紹介します。

道路・通路とは

日常生活をする上で、人は当たり前のように道路や通路を通行していると思いますが、その道路や通路が公道なのか私道なのか、建築基準法に定められた道路なのか等、普段から意識している方は少ないと思います。もしかしたら、舗装された全ての道は道路だと思っている方もいるかもしれませんが、何気なく通っている道が実は建築基準法上の道路ではなく、基準法外道路と呼ばれるものであったり、そもそも道路ではなく敷地の一部を通行しているようなこともあります（取扱い上公園となっていることもある）。

日常生活では特に意識しなくとも、通行さえできれば構わないのですが、実務においては接している道路により建築物の建築や不動産取引、あるいは相続の際の手続きに影響があります。何より不動産価値にも影響を及ぼしますので、事前に道路の種類を確認することが重要となります。

そもそも「道路」「通路」については法律上の統一的な定義はありません。

法律によって様々な定義がされています。

道路法においては道路とは、一般交通の用に供する道のことで①高速自動車国道、②一般国道、③都道府県道、④市町村道と定められています（道路法第２条、第３条）（用語解説参照）。

道路交通法においては、道路法第２条第１項に規定する道路、道路運送法第２条第８項に規定する自動車道及び一般交通の用に供するその他の場所とされています（道路交通法第２条第１項第１号）。

道路運送法の第２条第８項には「自動車道」とは、専ら自動車の交通の用に供することを目的として設けられた道で道路法による道路以外のものをいい、「一般自動車道」とは、専用自動車道以外の自動車道をいい、「専用自動車道」とは、自動車運送事業者（自動車運送事業を経営する者をいう。以下同じ）が専らその事業用自動車（自動車運送事業者がその自動車運送事業の用に供する自動車をいう。以下同じ）の交通の用に供することを目的として設けた道と定められています。

そのほかに不動産登記法等にも道路に関する記載はありますが、「道路」「通路」の定義は具体的・外形的な判断が難しく一般的にも「道」や「通り」としての認識で、状況により適用される法令に従うことになります。

その中でも重要となる建築基準法における道路の分類について紹介していきます。

用語解説

高速自動車国道

高速自動車国道とは、全国的な自動車交通網の枢要部分を構成し、かつ、政治・経済・文化上、特に重要な地域を連絡する道路その他国の利害に特に重大な関係を有する道路のことです（高速自動車国道法第４条）。

一般国道

一般国道とは、高速自動車国道とあわせて全国的な幹線道路網を構成し、かつ一定の法定要件に該当する道路のことです（道路法第５条）。

都道府県道

都道府県道とは地方的な幹線道路網を構成し、かつ一定の法定要件に該当する道路のことです（道路法第７条）。

市町村道

市町村道とは市町村の区域内に存する道路のことです（道路法第８条）。

建築基準法における道路

道路種別

一般に使われている公道・私道の区分とは別に建築物を建築するための基準によって区分した道路種別、いわゆる建築基準法上の道路と呼ばれるものがあり、接道義務を満たすための道路のことを指します。建築基準法の道路には道路法による道路、都市計画法による道路、既存道路、計画道路、指定道路等の種類があり、原則として幅員４メートル以上、特定行政庁が指定した区域内では６メートル以上のものをいいます。

したがって、幅員が４メートル（６メートル）以上であっても道路法による道路等でないものや、道路法による道路等であっても幅員が４メートル未満であるものは、みなし道路に該当しない限り、その道路に接することをもって都市計画区域内で建築物を建築することはできません。

仮に現況が道路状で永年道路として利用されているといった経緯があったとしても、下記の６種類のどれにも該当しないものは、建築基準法の道路ではありません。

建築基準法 42条１項１号	道路法による道路（国道、都道府県道、市区町村道等の公道）
２号	都市計画法、土地区画整理法等に道路（開発道路）
３号	建築基準法が施工された1950年（昭和25年）11月23日以前から存在する道路（既存道路）
４号	道路法や都市計画法により２年以内に事業が行われる予定があり、特定行政庁が指定した道路（計画道路）
５号	特定行政庁が位置を指定した道路（位置指定道路）
42条２項	建築基準法が施行される前から存在する幅員４メートル未満で特定行政庁が指定した道路（２項道路、みなし道路）

接道義務

接道義務とは都市計画区域内の建築物の敷地は原則として、一定の道路（幅員４メートル以上のもの）に、２メートル以上接しなければならないという建築基準法上の義務のことで、道路（特に私道）の成否、通行等に関連して最も重要な事項となっています（建築基準法第43条、第42条第１項）。

接道義務は建築基準法施行後に定められた義務で、施行前においては細い路地や道路から奥まった位置に建物が建築されることもありました。しかしながら、このような場所で火災が発生すると前面道路が狭く、消防車や救急車等の緊急車両が現場に到着することが困難であり、結果的に消火活動や救命活動が遅れ、被害が拡大する恐れがありました。また、震災の際には建物の倒壊等により、道路が塞がってしまい、避難経路が確保できない等の弊害もありました。そこで安全上、防火上の観点から、建築基準法において、以降の建築については接道義務が定められることとなりました。

所有者にとっては従来であれば建築ができた土地に同一規模の建築物を建築することができなくなるといったデメリットもありますが、前面道路の幅員を確保することにより交通上の改善と共に建物の密集を避けることができ、住環境の改善が図られることは結果的に敷地の利用上の便益や収益性が高まるといった利点にも繋がりました。

42条２項道路

42条２項道路は前述したとおり、基準時（建築基準法の施行日又はそれ以降に都市計画区域に指定された地域ではその指定された日）現在、既に建築物が建築されており、幅員４メートル未満の道路で、特定行政庁が指定したものをいいます。つまり、古くから付近の住民等が日常的に通行している道で、建築物が建ち並んでおり、幅員を４メートル以上確保することができない道を建築基準法上の道路と同様に認めるということです。仮に接道義務を満たす道路として認めないと、建築物の建替えや改築ができないこととなり、かえって良好な街づくりを阻害することにもなりかねません。

しかしながら、現況の道路状況が無条件で今後も認められるわけではなく、建築物の建替え等を行う際にはこの状況を是正する必要があります。そこで２項道路に該当する４メートル未満の道路は、原則として、その道路の中心線から建築予定敷地側に向かって２メートル（特定行政庁が都道府県都市計画審議会の議を経て指定する区域内では３メートル）の位置を道路と敷地の境界とみなすこととしました。この「道路」としての部分を確保しなければ、建築に必要な建築確認を受けることができません。道路中心線から２メートルまでの「道路該当」部分には、建築物等を建築することはできません。

この後退すること又はその部分を一般に「セットバック」と呼んでいます。また、法律上一方的に道路とみなされるため「みなし道路」と呼ばれることもあります。

POINT　セットバック

建物の敷地は、幅員が４メートル以上の道路に接していなければならないところ、現状、道路幅員が４メートルに満たない場合、道路両側の敷地が道路中心線からそれぞれ２メートルずつの位置を道路と敷地の境界とすることにより、道路幅員を４メートル確保することができます。例えば現状の道路幅員が3.6メートルしかない場合、道路中心から道路と敷地境界までは1.8メートルしかありません。そこで、両側の敷地がそれぞれ残りの0.2メートルずつ後退（道路として提供）することにより、幅員４メートルの道路となります。

道路後退は建築予定敷地側のみに求められます。道路対面側が現状、後退部分にブロック塀等の既存建築物を建築している場合に建築予定敷地側の都合で後退部分の建築物等撤去を求められることは酷だからです。ただし、道路対面側においても今後建築物の建替え等を行う際には、後退部分の建築物等の撤去が必要となります。

また、道路中心線から２メートル以内に河川や崖地、鉄道路線敷地等がある場合（建築予定敷地の道路対面が河川等である場合）は、河川等側が後退して、道路幅員を広げることは不可能であるため、その場合は河川等の境界線から建築敷地側に４メートルまで後退した線が「みなし道路」の境界線となります。

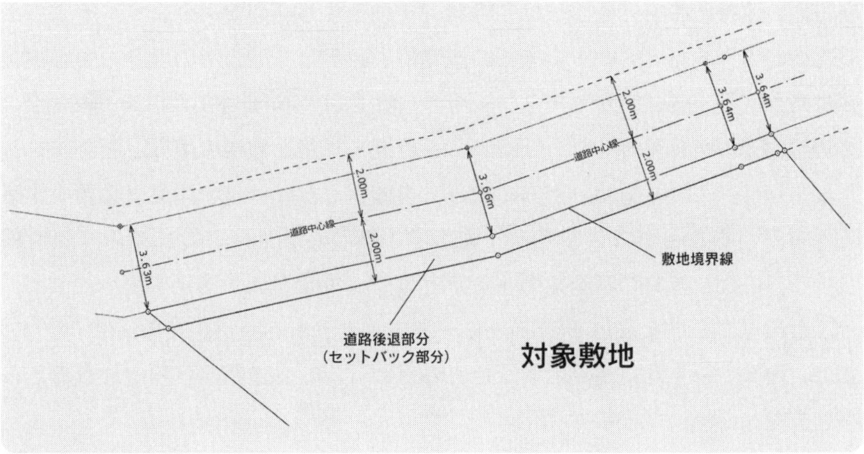

中心線協議

中心線の捉え方

道路の中心線を求める場合、役所に備え付けられている道路査定図や道路台帳等の道路図面から現地の道路境界を確認し、境界標等がない場合は、道路構造物（側溝等）の外面間の中心線を求めることが考えられます。なお、敷地及び対向敷地のどちらかに境界標等がある場合には境界標等と側溝外面の位置関係を踏まえた上で判断しますが、実務上はこの中心線の捉え方が難しい場合があります。

例えば、既に道路対向敷地がセットバックを行っている場合、基準となる中心線は対向敷地がセットバックした後の道路中心線ではなく、セットバック前の道路中心線ですが、そこから自身の敷地側に２メートル後退しても４メートルに足りない場合があり、その場合は不足分もこちら側が後退しなくてはならないことがあります。具体的にいうと、道路幅員が3.6メートルで道路中心線から両側の敷地がそれぞれ0.2メートルずつの後退が必要な場合があるとします。先行してセットバックを行った敷地側が現状0.1メートルしかセットバックできていなかった場合に４メートルの道路幅員を確保するために、結果として後からセットバックを行う側が0.3メートル後退しなくてはならない場合があります。

上記のように本来は0.2メートル後退しなければならいのに、結果として0.1メートルしか後退をしていないといったケースがどうして生じるのかというと、建築確認申請上では規定どおりに後退することになっているにもかかわらず、実際の工事の際に十分セットバックをしきれていなかったというケースや、対向敷地がセットバックしてから数十年が経過しており、側溝や道路工事等を何度か繰り返すうちに、敷地境界のラインがずれてしまうといったケースが考えられます。近年の工事では境界ラインを意識して、ずれが生じることは少ないようですが、以前は境界に関する認識が甘い工事も行われることがあったようです。

また、そもそもセットバックが必要な道路は細く狭い道や、曲がりくねった道が多く、ある部分では幅員が3.8メートルなのに、別の部分では3.6メートルしかないような場合もあります。あるいは道路が曲線状になっていると、きれいな平行線上になっている道路よりも中心線を求めるのが難しい場合もあります。さらに、セットバックは道路全体を一括して行うわけではなく、建築等に伴い、建築予定敷地の前面のみ道路後退を行うため、敷地ごとの測量や工事ではどうしても数ミリから数センチの誤差が生じてしまうこともあります。

しかし、それではせっかく不整形な道路をセットバックにより、拡幅して通行や利用しやすいようにしても、拡幅後もいびつな形のままでは側溝や道路工事の際や管理上不都合が生じます。

そこで、行政によってはセットバック後の道路形態を考慮した上で、行政と建築主側とで話し合いを行う中心線協議により、セットバックの基準となる中心線を決定している場合があります。

● 中心線協議の流れ

中心線協議や中心線相談等、呼び方は行政ごとに異なりますが協議により中心線を定める場合、敷地対面や近隣でセットバックが行われている場所があれば、当時の資料を参考に中心線を求めることができます。セットバックを行った敷地建物の建築概要書や２項道路の整備を担当している課において中心線の協議資料等があるか、事前に確認しておきます。また、行政によっては現地の道路中心線を示すポイントに鋲等を打っている場合もありますので、その場合には現地で鋲を確認しておくこともできます。

関係資料等や現地を確認し、当該セットバックにおける中心線の協議を役所と行います。協議の内容によっては、当初、現況の道路から測定した中心線と、協議による中心線がずれることもあります。建築するためには協議によって決められた中心線からセットバックをする必要がありますので、２項道路の場合には建築確認申請前に中心線の協議が必要か事前に確認しておきましょう。

● 私道の場合

前面道路が私道（後述参照）の場合は基本的に行政で道路中心線を定めてもらえませんので、私道所有者や近隣住民との協議により、中心線を求める必要があります。中心線の位置によって、道路の対向地は後退しなければならない範囲が変わってきますので、協議がまとまらなければ、もめる原因となることもあります。

そこで私道の場合はこのようなリスクを避けるために、道路対向地の境界から４メートル確保するために自身の敷地側へ一方的に後退する場合もあります。中心線から２メートル後退するよりも、結果的に後退する範囲が広くなる可能性もありますが、無用なトラブルを避けつつ、建物を建築することができるため、このようなセットバックを行うケースもあります。

私道でも、売買等の条件でどうしても中心線を定めなければならない場合に、行政によっては道路中心線の事前協議相談等を受け付けている場合もあります。もちろん最終的に決定するのは私道所有者や近隣住民となりますが、その前提となる客観的な判断を示してくれますので、そういった手続きを行ってもらえるか事前に行政へ確認しておきましょう。なお、建築確認の検査機関によっては私道の場合でも事前協議相談済みか確認される場合があります。

細街《さいがい》路《ろ》協議・狭隘《きょうあい》協議

行政によっては条例により細街路整備事業、狭あい道路拡幅整備事業等を定めています（主に都心部）。これらは行政によって、名称が異なりますが、密集市街地等において、狭あい道路は日常生活を行う上で、通行上、環境衛生上の問題があるばかりでなく、地震や火災等の災害時には消防、救急活動に支障をきたします。そこで、建築基準法第42条第2項により後退した部分の整備を促進する制度として行政ごとに制定され、後退用地の整備及び管理の方法を、行政と建築主・土地所有者が協議し、拡幅整備を進めています。

中心線協議や道路種別の確認は主に建築指導課等、建築に関する窓口が担当していることがほとんどですが、細街路整備事業、狭あい道路拡幅整備事業を行っている行政では細街路や狭あい道路の担当係を設けていることが多いです。

道路種別を確認し、2項道路であることがわかれば、道路中心線や後退線の考え方について、建築指導課等の建築関係の課で確認します。その際に建築確認申請前に細街路整備事業、狭あい道路拡幅整備事業の協議が必要か確認します。制度があった場合にも協議が必要な場合と任意の場合があります。仮に行政側が協議は任意としていても、検査機関によっては協議を求めている場合もありますので、検査機関にも事前に確認する必要があります。

協議に必要な書類や協議内容を確認し、協議書や添付資料を担当係へ提出します。提出後の流れは、協議内容により、寄付申請、後退用地等舗装承諾、非課税手続き等へ進んでいきます。

43条但書による許可

建築基準法の道路等に接しない場合でも、「その敷地の周囲に広い敷地を有する建築物その他国土交通省令で定める基準に適合する建築物で、特定行政庁が交通上、安全上、防火上及び衛生上支障がないと認めて建築審査会の同意を得て許可したもの」については、例外的に接道義務が適用除外となり、建築が認められる場合があります（第43条第1項但書）。

許可基準は特定行政庁によって細かな違いはありますが、全国にほぼ共通している基準は、建築基準法上の道路とすることが現時点では難しいことを前提とした上で、建替え時に道路状空間が４メートル以上となるまで建物を後退させること、２階以下の専用住宅にすること、通路に接する全ての権利者の同意を得ること等です。

建物の用途や規模は制限されますが、基準を満たせば建替えが可能になるため、全国的によく使われています。

この但書が設けられた背景には、接道義務が発生する以前の建築物が多数残っている現状が挙げられます。周囲を家や他人の敷地に囲まれている場所では、接道義務を簡単には満たせません。周辺の敷地を買い取る等すれば、義務を満たすことも可能ですが、かなりの費用と手間がかかってしまいます。また、周辺敷地の所有者が必ずしも買取り交渉に応じてくれるとは限りません。そこで、接道義務を満たしていない場合でも、建築審査会の判断により、敷地に建築することができるようになりました。

注意する点は、条件さえ満たせばあらゆるケースで43条但書による許可が認められるわけではないということです。建築審査会の審査の結果、認められない場合もあります。仮にその敷地が過去に許可を受けていたとしても、以後も必ず建築が認められるわけではありません。

私道

私道とは、私人が所有する土地が道路になったもので、基本的に私有財産として、設置、管理、廃止等がその所有者に任されています。公法的規制を受けない限り、なんらかの通行権を持たない第三者は、通行することができません。

公道か私道かは見た目には判断がつかず、また必ずしも登記上の地目には関係ないため、法務局、役所等で確認が必要です。場合によっては私道の所有者であっても自らが私道を所有していることを知らない場合もあり、相続登記もれ等が見つかることがよくあります。私道の敷地所有者は私人であることがほとんどですが、中には公有地であっても私道であることもありえます。

私道には、指定道路、みなし道路、既存道路等の建築基準法の適用がある私道、固定資産税が非課税となっている私道、公衆用道路たる私道、構内道路等があります。

私権の制限

私道は基本的にその設置、管理、廃止等は私道所有者に任されていますが、建築基準法等の公法的規制を受けると、その権利が制限されることがあります。建築基準法の道路は公道であるか私道であるかにかかわらず、また災害等の緊急時に限らず平常時においても、道路法による道路と同様、一般交通の用に供されることが期待されています。そのため、民法上の所有権に基づいて敷地所有者が第三者の通行を妨げることはその趣旨に反します。原則、私道上に建築物の建築等を行うことも認められません。また私道の変更や廃止により、接道義務を満たさない敷地がある場合は、特定行政庁は、その私道の変更や廃止を禁止し、又は制限することができます（建築基準法第45条第1項）。

私人名義の公道

一般に敷地民有地ともいわれますが、登記簿上の所有者が私人であっても、公道認定を受けている場合があります。近年では、まず権原を整理した上で公道認定が行われているケースがほとんどで、道路が敷地民有地になることは少ないと思いますが、1952年（昭和27年）12月に廃止された旧道路法以前から公道認定を受けている道路では敷地民有地となっているものがあります。

敷地民有地となっているのにはいくつか原因はありますが、例えば寄付を受けていたが登記をしていなかった場合や、行政が使用承諾を受けていたが、当時の書類が紛失して、現在の使用権原が不明な場合等様々です。いずれにせよ、資料の不備や現在の土地所有者が不明等の事情により、行政としても現状そのままにしている状態ということがあるようです。

道路の維持・管理さえしっかりと行政が行っていれば、当該敷地民有地を道路として利用している隣接敷地所有者としても、日常生活では特に困ることはありませんが、境界（所有権界。第7章参照）確認等の際には土地所有者に境界の確認を求めなければなりません（行政によっては道路区域境界の確認を管理者が行う場合もある）。そのため、所有権界を確認できないばかりか、前面道路が公道にもかかわらず、ライフラインの工事や工事車両の通行に関する承諾を所有者に取り付ける場合等についても、結局私道と何ら変わりがありません。

せっかく公道認定を受けて、道路管理者がいるのであれば、このようなケースを是正するために行政には積極的な対応を期待したいところです。

私道を公道へ（寄付手続き）

私道は権限が土地所有者に帰属しているとはいえ、前述したとおり、私権の制限を受け、さらに公道認定をされていなければ、基本的に維持管理は所有者の責任となります。もちろん、行政によっては、道路の補修等の際に補助金や助成金が出る場合もありますし、地域住民（私道を利用する隣接所有者ら）がお金を出し合って補修を行うケースもあります。必ずしも道路の補修等が所有者の義務とはいえませんが、中には所有者に対し、道路舗装のやり替え等を要求する場合もあります。私権を制限された上、道路の維持管理の責任まで負わされては、所有者にとって、私道の所有が負担になっていることがあります。そういった場合に行政によっては、私道の寄付を受け付けていることがあります。細かな条件やそもそも寄付を受け付けているかどうかは行政に確認が必要ですが、要件には以下のようなものがあります。

- 建築基準法上の道路であること。
- 幅員が４メートル以上であり、路面の排水処理が可能なこと。
- 私道敷地の境界については、私道の境界に関する協議により、境界の確定と境界標石の設置が可能であること。
- 抵当権等、所有権以外の権利が設定されていないこと。

相談者から私道の管理等について相談を受けた場合には、寄付手続きを案内してもよいと思いますが、代々土地を受け継がれている方等、土地に対する思い入れが強い方もいますので、安易に土地の寄付を勧めることは避けた方がよいでしょう。私道＝負担ではないこともありますので、こちらから積極的に寄付を勧めるのではなく、あくまで相談者からお話があった場合に案内しましょう。

宅地への影響

先に宅地と道路は切っても切れない関係にあると述べましたが、宅地の接道状況や接道している道路の種別等により、その宅地に建築することができる建物の条件や宅地そのものの価値に大きな影響を与えることがあります。ここではその中でも特に重要な角地緩和について紹介します。不動産実務ではよく出てくる言葉なので、知識として是非覚えて欲しいと思います。前提知識として、必要な建ぺい率と容積率についても合わせて触れておきます。

建ぺい率

建ぺい率とは、簡単に言うと、敷地の内、どれだけの範囲に建物が建てられているかの割合のことをいいます。例えば、敷地面積100㎡、建ぺい率60%の場合、60㎡までは実際の建築物が建てられる範囲になりますが、残りの40㎡は建築物を建築することはできません。

敷地内に一定の空間を確保することで日当たりや風通しが遮られることを避

け、近隣で火災が発生した場合には、もらい火を避けることもできます。建築物の密集を避け、計画的な都市づくりを進めるために建ぺい率の上限を定めることは必要なのかもしれません。

図表5-1　建ぺい率

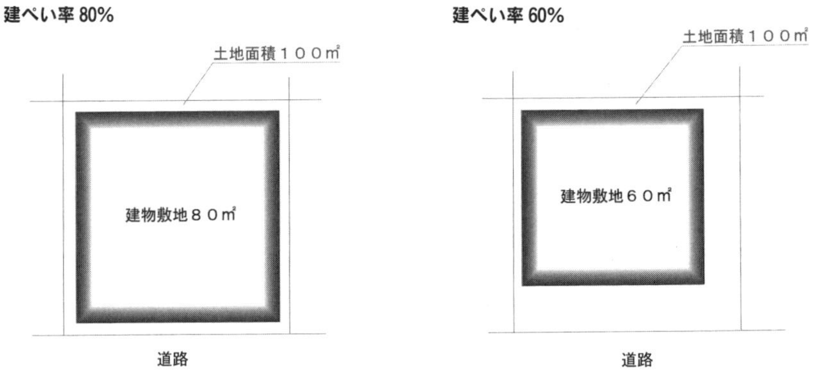

容積率

容積率とは敷地面積に対する、建築物の延床面積の割合のことです。例えば、敷地面積100㎡、容積率が120%の場合、延床面積が120㎡までの建築物を建築することができます。１階床面積が60㎡である場合には、２階床面積は60㎡までの建築物を建築できます。

図表5-2　容積率

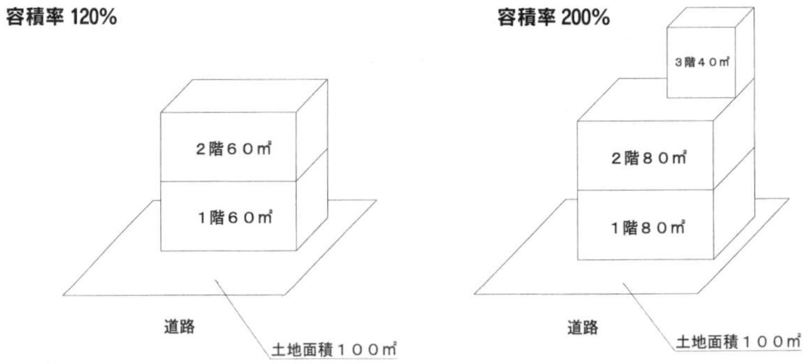

角地緩和

角地緩和とは、敷地に対する建ぺい率の制限を道路の接道状況等によって、緩和することができる制度です。角地緩和が適用される具体的な場合は次のとおりです。なお、特定行政庁ごとに指定がある場合に限られるため、必ずしも緩和されるとは限りません。

・　街区の角地
・　両側に道路のある敷地
・　公園や河川等に接する敷地（敷地の1面のみ道路に接しており、別面が公園や河川等に接している場合）

上記の場合には、建ぺい率の上限が10%加算され、緩和されます。

道路状況と不動産評価

不動産を評価する基準は様々で、不動産価格といえば、路線価や評価額、実勢価格（近隣の同規模土地の過去の取引価格を参考にしたもの）等が挙げられますが、評価基準とは別に、目的によって不動産の評価を下げたり、逆に上げたりすることがあります。この要因の一つとなるのが、接している道路状況です。

例えば、接している道路が建築基準法上の道路かどうかによって、その価値は大きく変わります。建築基準法上の道路に接していない場合、原則建築物の建築ができないため、その価値は下がる傾向があります。もっとも近年は、いわゆる再建築不可物件を扱う不動産業者もありますので、立地によっては大きな価値を生み出すこともありますが、近隣の同規模土地と比べると価格は低くなることが予想されます。

次に公道か私道かによっても影響を受けることがあります。私道には前述したとおり、道路所有者との折衝等が必要になる場合もあり、必ずしも不都合とまではいえませんが、公道の方が建築を考えた上では比較的好まれる傾向があります。

ほかにも、前面道路が法第42条2項道路の場合、セットバックが必要になる可能性がありますし、前面道路が広い道路に抜けるまで、4メートルに満たない、細く、入り組んだ道路の可能性もあります。そのような場合、車の通行等、日常生活で不便さを感じることがあるでしょうし、建築に通常よりもコストがかかる場合もあります。そのため、幅員の取れた敷地に比べ、価格が下がることがあります。

もっとも、不動産評価の基準は様々ですし、特に不動産取引においては、需要と供給が一致すれば、取引は成立しますので、基準はあってないような場面もあります。価値判断は人それぞれだからです。人気のエリアにある土地であれば、売り出すタイミング等で通常より高く評価されることもありますし、例えば道路に接していない奥まった敷地を探していた人にとっては、道路に面した土地よりも評価は高くなるかもしれません。また、広い道路よりも交通量の少ない場所に家を構えたいと考えている方は、２項道路でも気にならないかもしれません。いずれにせよ、道路が敷地の評価へ影響を与えることはありますが、人のニーズによってはその限りではないことも覚えておきましょう（第2章 Column「不動産価格の評価」参照）。

道路使用・道路占用

道路使用許可手続き

道路使用許可手続きとは、その道路を管轄する警察署に対し、一定期間道路を使用するために必要な許可を得るための手続きのことです。基本的に道路は公共のものなので、誰でも使用することができますが、目的とする行為が人や車の交通の妨げになる場合には、道路使用許可が必要となります。どのような行為について道路使用許可が必要となるか道路交通法第 77 条に規定されています。

①　道路において工事もしくは作業をしようとする行為

②　道路に石碑、広告版、アーチ等の工作物を設けようとする行為

③　場所を移動しないで、道路に露店、屋台等を出そうとする行為

④　道路において祭礼行事、ロケーション等をしようとする行為

※　具体的な行為については、各都道府県道交通規則によります。

上記にあてはまる行為を行う場所を管轄する警察署長は、以下のいずれかが

認められるときは許可をしなければなりません（道路交通法第77条第２項）。

・　現に交通の妨害となるおそれがないか、許可に付された条件に従って行われることにより交通の妨害となるおそれがなくなる。

又は、

・　現に交通の妨害となるおそれはあるが公益上又は社会の慣習上やむを得ないものである。

道路使用許可は目的、場所、使用方法により期限が定まります。例えば、道路等の工事では許可期限は６か月以内とされていますが、あくまで最長期間ですので、工事内容に応じて、必要最低限度の期間が許可されることになります。

道路占用許可手続き

道路占用許可手続きとは、道路管理者である行政に対し、一定期間、施設を設置し、継続して道路を使用するために必要な許可を得るための手続きのことです。道路使用許可との違いは、道路使用許可が交通の妨げになると思われるものを許可の対象としているのに対し、道路占用許可は道路管理者の立場で道路を不当に占拠されることがないよう規制しています。

例えば、行政書士会の街頭無料相談会を路上で行う際に、道路占用許可は設置するテント等が審査の対象となりますが、道路使用許可は相談会自体が審査の対象となります。それゆえ、道路占用許可では映画のロケーションやデモ行進等、一過性のものは許可の対象になりませんが、道路使用許可は交通の妨げになると思われるものであれば工事等を伴わなくとも全て対象となります。したがって、道路占用許可が必要なものは全て道路使用許可が必要となりますが、道路使用許可が必要でも道路占用許可が不要な場合があります。

道路占用許可は道路法に基づいて、道路管理者が管理している道路を対象としていますので、私道の占用に対して許可を出すことはできません。道路使用許可は道路交通法に基づき、道路交通法で定められた道路を対象としていますので、人や車が通行することができる道路であれば、基本的に道路使用許可の対象となります。

道路占用許可の基準は各行政で定められていますので、申請前に必ず事前確認が必要です。占用の期間については、水道、電気、ガス事業者等の公的事業であれば10年ですが、他の一般の場合は5年が期限とされています（道路法施行令第9条)。占用を延長したい場合には、更新手続きが必要です。

図表5-3　道路占用許可申請の流れ

※行政ごとに流れは異なりますので参考例となります。

(1)　道路管理者（市区町村の道路占用担当窓口）に下記①②の申請書を提出し、内容確認後、その場で仮受付がされ、①②に仮受付印が押印されます。
①　道路占用許可申請書類一式
（占用許可申請書、案内図、平面図、立面図、現場写真等）
②　道路使用許可申請書類一式
（使用許可申請書、案内図、平面図、立面図、現場写真等）

⇩

(2)　仮受付印が押された①②を所轄の警察署に提出し、内容確認後、受理されます。その際に手数料を納付します。

⇩

(3)　1週間程で所轄の警察署から道路占用申請書の所轄警察署長の意見欄に押印がされ、①が返却されます。その際に道路使用許可証が交付されます。

⇩

(4)　所轄警察署長の意見欄に押印された①を再び道路占用担当窓口へ提出し、本受付がされます。

⇩

(5)　1週間程で内容審査、決済が終わり、占用料を納付後、道路占用許可書が発行されます。

通行・掘削承諾

ライフラインの整備

宅地に専用住宅や店舗、工場等の建築物を建築する場合、その建築物内で日常的に生活、作業等を行うためには、少なくとも電気や上下水、あるいはガスの整備が必要となります。さらに、その供給を受けるためには、ライフラインの整備をして、供給を受けなくてはなりません。

ライフラインの整備は多くの場合、道路を用いて敷設されます。当たり前ですが、他人の土地を通してライフラインを整備すると権利関係が複雑になってしまいます。よっぽどのことがない限り、道路に敷設した方が敷設費用や保守等の面からも有利であり、そもそも敷設によって道路としての使用に大きな影響が出ることはあまりありません。それ故、ライフラインの整備を行う際には道路管理者の承諾を得て敷設を行うわけですが、公道の場合はまず承諾を得られないことはありません。

公共下水道の供用が開始されている地域では、排水設備の設置は義務になっています（下水道法第10条第1項）。電気・ガス・上水道についても、正当な理由がなければ、供給を拒むことはできません（水道法第15条第1項、電気事業法第18条第1項、ガス事業法第16条第1項、電気通信業法第25条第1項）。

しかし私道の場合、許諾は土地所有者へ委ねられていますので、当然承諾することもあれば、拒否することもできます。仮に拒否されたにもかかわらず、勝手に事業者が道路に敷設工事を行えば、トラブルになりかねません。

私道の所有者の承諾が得られないことをもって、事業者の供給義務がなくなるわけではありません。過去の判例では、私道の所有者の承諾がなくとも敷設工事が認められたケースも確かにあります。とはいえ、事業者としては年間いくつもの工事を抱えている中で、トラブルを孕んだ工事を快く引き受けることができないのも本音でしょう。そこで、こういったトラブルを事前に回避するためにも、ライフラインの整備を求める申請者は、事業者から、道路工事に伴う私道所有者の掘削承諾書の取得を求められることがあります。実務上はこの掘削承諾に加え、工事車両等の通行に関する通行承諾も求められることもあり、これらを併せて、通行掘削承諾書と呼んでいます。

● 通行する権利

道路とはそもそも人や車等が通行するためのものであり、通行する権利は道路法や道路交通法等、どの法律を根拠としても認められそうなものですが、こと私道の場合は法的根拠をいくら並べたとしても、最終的に私道所有者の意向が尊重されます。

私道所有者の中には私財を投じて、きちんと舗装、管理をしている方がいます。この方達からすると、いくら自由に通行してもいいとはいえ、重量のある工事車両や重機が頻繁に行き来することにより、舗装が剥がれたり、側溝が傷んだりしないか心配があるかと思います。もちろん、私道所有者の多くは工事の内容や書面についてしっかりと説明すれば、皆さん快く承諾してくださいますし、中にはいちいち承諾を取らずに勝手に工事をやっていいからという方もいますので、本当に必要かは場合によりけりだとは思います。

だからといって、事前に何も言わずに工事を開始してしまうと、例えば道路からの侵入は左側からだけにして欲しい、道のこの部分には車を停車して欲しくない等の要望を私道所有者が持っていた場合に、その思いを汲み取ることができず、後々私道所有者と揉めてしまうことにもなりかねません。掘削承諾を取得する場合には、通行についても事前に確認し、承諾を取っておく方がよいでしょう。

● 通行掘削承諾書

通行掘削承諾書は対象敷地の前面から公道に到達するまでの範囲で、私道所有者から承諾をもらう必要があります。

第３章において公図の道路部分について触れましたが、道路敷地は一筆の場合もあれば、いくつかの土地に細かく分かれている場合もあります。道路敷地が一筆で所有者も１人ならまだしも、いくつかの土地に分かれていて、土地所有者もしくは共有者が複数いる場合は、対象敷地の道路への接道部分から公道へ抜けるまでの距離が長くなればなるほど、承諾を得るべき対象者が増えてしまいます。

そうした中で、私道所有者が既に亡くなっている場合や、夫婦や親族等で共有している場合、法人が所有している場合等、様々なケースがありますので、書面も臨機応変に、代表所有者や共有者代表から承諾をもらう等の対応が必要となります。図表５－４は通行掘削承諾書の一例ですが、参考にしていただければと思います。

図表5-4　通行掘削承諾書の見本

私道（道路）通行・掘削等に関する承諾書

鈴木　○○殿

不動産（私道）の表示：
世田谷区祖師谷五丁目○○番○○

上記表示不動産（以下「本件私道」という）に関しての事項を承諾致ます。

記

1. ガス管・上下水道管の引き込み・分岐工事等を行う際、本件私道を無償にて掘削及び埋設すること。また、既存のガス管・上下水道管を使用すること。

2. 本件私道を無償にて通行（一般車両、工事車両を含む）すること。

3. 鈴木　○○　が所有する土地（　世田谷区祖師谷五丁目○○番○○　）の一部又は全部を第三者に譲渡又は貸与する場合に、当該第三者対し、本承諾書の内容を承継させることとする。

4. 本件私道の一部又は全部を第三者に譲渡又は貸与する場合に、当該第三者に対し、本件諾書の内容を継させることとする。

以上

（土地所有者）（被相続人）山田○○、（相続人）山田○○○

令和　　年　　月　　日

住　　所＿＿＿＿＿＿＿＿＿＿＿＿＿＿＿＿＿＿＿＿

氏　　名＿＿＿＿＿＿＿＿＿＿＿＿＿＿＿＿＿＿㊞

相談事例

行政書士には道路等に関する相談も寄せられることはあります。ここでは道路の許認可関係ではなく、近隣トラブルに関する相談について紹介します。近隣トラブル、いわゆる相隣関係のトラブルは、些細な行き違い（コミュニケーションの不足による諍い）から、訴訟に発展するような大きなものまで様々です。

当然ですが、紛争性のある案件について行政書士は相談を受けることはできませんので、ここでは前者の些細な行き違いによるトラブルについて、いくつか紹介します。

これらは相談者自身もそこまで問題に思っていないケースも多く、それゆえ、内容証明郵便の作成や合意書等の作成まで至らないケースがほとんどです。相談者としても何かのタイミングで法律家と話す機会があったので、ついでに聞いてみたといった場合もあります。

しかし、仮に直接業務に繋がらなかったとしても、しっかりとした対応をとることには大きな意味があります。例えば、相談相手が、不動産会社の社長や地元の地主等であった場合には、そこで信頼を得られれば、何かの機会に依頼をもらうことができるかもしれません。たとえ地主等でなかったとしても、何かの折には新たな依頼者を紹介されることがあるかもしれません。回りくどいやり方ではありますが、相手方の信頼を得るには、こういったことの積み重ねが大切だと思います。

道路等に関することに限らず、日常生活でトラブルになることは滅多にないかもしれません。しかしながら、街の法律家という看板を掲げるからには行政書士には様々な相談が寄せられます。どのような相談がくるかは蓋を開けてみるまでわかりませんので、自身が生活する上で不満を感じることや不便に思うことは、同じように感じる方から相談を寄せられるかもしれない、どこかに困っている人がいるかもしれないという意識で、日頃からアンテナを張っておきましょう。

事例 1

路上駐車

相隣トラブルの一つで多いのがこの路上駐車に関する相談です。公道であれば警察による駐禁切符を切られるでしょうし、共有の私道であれば、第4章で前述したように、所有権に基づき、妨害排除請求等を求めることができるでしょう。

しかしながら、個人が単独で所有している私道部分に対し、その所有者が駐車をしている場合、例えばセットバック等により敷地は後退しているが、車がその後退後の敷地からはみ出して、セットバック部分にまたがって駐車している場合等は、せっかくセットバックにより道路が拡幅されていても、車が駐車されているため、結局道幅が狭いままで、道路を通行する人々が困っているようなことがあります。その場合、通行者はその私道部分に駐車している車に移動等を求めることはできるのでしょうか。

この場合、利害関係のない第三者である通行者（通行者の“通行する権利”はあくまで反射的利益）が所有者へ車の移動を求めることまではできないと考えられます。仮にセットバック部分に車がはみ出して、道幅が狭くなっていたとしても、完全に道を塞ぐ等の迷惑行為に該当しない限り、他者が通行することはできます。

セットバック部分にはみ出して、ガレージやブロック塀を積む等、容易に移動することができない工作物等を設置していない限りはセットバックの要件を満たしているからです（車はすぐに移動させることができる）。

結局のところ、いくらセットバックで道路として提供していたとしても、所有権に基づいて車を駐車させている限り、多少通行に不便を感じても通行者から是正を求めることは難しいといえます。

なお、道路交通法には路上駐車に関する規定がありますので、そちらも確認しておくとよいでしょう（道路交通法第45条、第47条、第48条等）。

事例２

通行料の要求

通行料とは文字どおり、道路等（高速道路や有料道路を除く私道）を通行する際にその権利者（地主等）へ支払う料金のことです。江戸時代ならいざ知らず、現代において通行料を支払うことがあるのかと驚かれる方もいるかもしれませんが、法的に問題はないのでしょうか。

結論から言うと、法的に問題はありません。しかし、実際には難しい場合が多いでしょう。道路は不特定多数の人々が通行しており、関所等を設置して通行するたびに料金を徴収するか、高速道路のように通行バーを設ける方法もあるかもしれませんが、維持費に費用が掛かりすぎるため、現実的ではありません。道路を日常的に使用している地域住民に月毎に使用料を請求する等の方法もあります。しかし、これまで支払っていなかったものを、突然請求されるようになれば、地域住民の反発を生むでしょう。

借地を複数所有するある地主から、以前、借地（宅地）部分の地代とは別に地主が所有する宅地前面の私道部分の通行料をもらっていたそうですが、借地人の代替わり等により、通行料が支払われなくなり、何度か請求しても通行料を支払う義務はないと言われ、困っているという話を聞いたことがあります。

通行料の未払いが１件ならまだしも複数件あると、１件ごとに請求して支払いがない場合にいちいち裁判をするのでは骨が折れてしまいます。話を聞いた地主の場合は、結局、通行料はあきらめて泣き寝入りしたそうです。昔から決まっていたのにおかしいと嘆かれていました。

このケースで問題となったのはやはり通行料の取り決めに関する書面がなかったことです。通行料の支払いについて合意ができているのであれば、将来的なトラブルを避ける上でも、通行料の額やその他取り決め事項についてしっかりと書面に残すことが必要です。

第6章

農地に関する実務

不動産実務において農地に関する手続きに携わる機会は多く、特に行政書士にとって、農地を転用する（農地以外のものにする）際の許可申請手続きはその最たる例でしょう。農地法や農地転用許可手続きについて、詳細に説明しようとすると、恐らく紙面が足りなくなりますので、この章ではさわりについてご案内します。

農業委員会への確認が大切

農地転用許可手続きの場合、依頼があった所在地の農業委員会において手続きの流れや必要書類を確認して、手続きを進める必要があります。何度も申請している地元の農業委員会であれば、毎回の確認は不要でしょうが、各農業委員会が求める申請書の書式や必要書類はまちまちですので、確認せずに他の行政へ提出したとおりに申請しても、結果的に訂正を求められ、場合によっては受け付けてもらえないこともあります。

それゆえ、初めて申請する農業委員会や久しぶりに申請する等の場合は必ず事前確認を行った方がよいでしょう。筆者は初めて申請する行政の場合、インターネットで農業委員会のホームページを検索します。そこで、書式や必要書類を確認した上で、気になる点やわからない点を電話で確認してから申請書類の準備をしています。いくら農地法に関する知識があったとしても、許可権者が求めるものを用意できなければ、前述したように受理さえしてもらえないことがあるからです。しかし逆に言うと、事前に農業委員会でわからない部分を確認しておけば、手続きで困ることは少なく、農地転用許可手続きは初めての方でも比較的、手が出しやすい分野であると思います。新規の相談があった場合には是非ご自身で受任してみてください。

農地転用許可制度の目的

日本は他の国に比べ国土が狭いにもかかわらず、多くの人口を抱えているため、特に都市部においては安定的な住宅用地の供給が必要となります。しかし、山岳地帯を避け、平野部かつ広大で住宅用地に適した土地となると既に開発が行われている土地を除き、条件を満たしている土地が農地であるということが多々あります。

しかし、無作為に農地を住宅地へと開発を進めてしまうと、農地減少に伴い、将来的に食料自給率の減少が予想されます。そこで、農地法に基づく農地転用許可制度は、食料供給の基盤となる優良な農地の確保という要請と住宅地等への土地利用という要請との調整を図りつつ、計画的な土地利用を確保するという観点から、農地を立地条件等により区分し、開発要請を農業上の利用に支障の少ない農地に誘導するとともに、具体的な土地利用計画を伴わない資産保有目的又は投機目的での農地取得は認めないこととしています。

農地転用許可制度の概要

農地を転用する場合又は農地を転用するため権利の移転等を行う場合、原則として都道府県知事又は指定市町村の長の許可が必要です。指定市町村とは、農地転用許可制度を適正に運用し、優良農地を確保する目標を立てるなどの要件を満たしているものとして、農林水産大臣が指定する市町村のことをいいます。

指定市町村は、農地転用許可制度において、都道府県と同様の権限を有することになります。なお、学校、社会福祉施設、病院、庁舎又は宿舎のために転用する場合には、許可権者と協議を行う必要があり、協議が整った場合には許可を受けたものとみなされます。

許可と届出

農地を転用する場合、申請書に必要な書類を添付して、転用しようとする農地の所在する市町村の農業委員会を経由して都道府県知事等に提出し、許可を受ける必要があります。ただし、あらかじめ農業委員会に届出をした市街化区域内の農地など、農地法第４条第１項但書、第５条第１項但書が定める例外にあたる農地については、転用許可の申請をせずとも適法に農地を転用することができます。

また、農地の所有権や賃借権等を、相続（遺産分割や包括遺贈を含む）、法人の合併・分割、時効等により取得した場合にも許可を受ける必要はありませんが、その旨の届出が必要となります（第３条による届出）。

都市計画法で指定される都市計画区域について

市街化区域

市街化区域とは、都市計画法で指定される、都市計画区域の１つです。既に市街地を形成している区域と、概ね10年以内に優先的かつ計画的に市街化を図るべき区域とされてます。

市街化区域は、用途地域が定められており、自治体による道路、公園、下水道などの都市施設の整備も重点的に実施されます。また、土地区画整理事業や市街地再開発事業などによる整備が積極的に進められる区域でもあります。

市街化調整区域

市街化調整区域とは、市街化を抑制し、優れた自然環境等を守る区域です。用途地域は基本的に定められていませんし、自治体などによる都市基盤の整備もしないことが原則となっているため、新たに開発・建築行為をする場合は制限を受けることになります。簡単に言うと、「お店や住宅などを積極的に作ってはいけない、田園をそのままにしておく地域」というイメージです。

この区別は都道府県ごとに管理されていて、市街化調整区域に建物を建てる場合、一部を除いて原則、都道府県の許可を得なければなりません。東京都であれば河川敷を除き23区の土地は市街化区域ですが、郊外の農地が広がる場所の中には市街化調整区域もあります。

詳しくは市区町村の都市計画課で都市計画図を閲覧することにより確認できます。市区町村によってはホームページで公開している場合もありますので、まずはそちらを検索してみるのもよいでしょう。

市街化調整区域は、原則として人が住むための住宅や商業施設などは建築できないのですが、絶対住んではいけないのかというと、そういうわけでもありません。市街化調整区域内であっても、地方自治体に申請し建築許可が下りれば、住宅を建てることが可能となります。都市計画法第34条に開発許可の主な基準が定められています。

また、上記の２つの区域の他に「非線引き区域」というものもあります。簡単に説明すると、市街化区域にも市街化調整区域にも区分しない地域のことです。将来的に計画的に市街化する区域ではありますが、現時点ではなにも決められていない地域になります。

都市計画法第34条

前条の規定にかかわらず、市街化調整区域に係る開発行為（主として第二種特定工作物の建設の用に供する目的で行う開発行為を除く。）については、当該申請に係る開発行為及びその申請の手続が同条に定める要件に該当するほか、当該申請に係る開発行為が次の各号のいずれかに該当すると認める場合でなければ、都道府県知事は、開発許可をしてはならない。

一　主として当該開発区域の周辺の地域において居住している者の利用に供する政令で定める公益上必要な建築物又はこれらの者の日常生活のため必要な物品の販売、加工若しくは修理その他の業務を営む店舗、事業場その他これらに類する建築物の建築の用に供する目的で行う開発行為

二　市街化調整区域内に存する鉱物資源、観光資源その他の資源の有効な利用上必要な建築物又は第一種特定工作物の建築又は建設の用に供する

目的で行う開発行為
三　温度、湿度、空気等について特別の条件を必要とする政令で定める事業の用に供する建築物又は第一種特定工作物で、当該特別の条件を必要とするため市街化区域内において建築し、又は建設することが困難なものの建築又は建設の用に供する目的で行う開発行為
四　農業、林業若しくは漁業の用に供する建築物で第29条第1項第2号の政令で定める建築物以外のものの建築又は市街化調整区域内において生産される農産物、林産物若しくは水産物の処理、貯蔵若しくは加工に必要な建築物若しくは第一種特定工作物の建築若しくは建設の用に供する目的で行う開発行為
五　特定農山村地域における農林業等の活性化のための基盤整備の促進に関する法律（平成5年法律第72号）第9条第1項の規定による公告があつた所有権移転等促進計画の定めるところによつて設定され、又は移転された同法第2条第3項第3号の権利に係る土地において当該所有権移転等促進計画に定める利用目的（同項第2号に規定する農林業等活性化基盤施設である建築物の建築の用に供するためのものに限る。）に従つて行う開発行為
六　都道府県が国又は独立行政法人中小企業基盤整備機構と一体となつて助成する中小企業者の行う他の事業者との連携若しくは事業の共同化又は中小企業の集積の活性化に寄与する事業の用に供する建築物又は第一種特定工作物の建築又は建設の用に供する目的で行う開発行為
七　市街化調整区域内において現に工業の用に供されている工場施設における事業と密接な関連を有する事業の用に供する建築物又は第一種特定工作物で、これらの事業活動の効率化を図るため市街化調整区域内において建築し、又は建設することが必要なものの建築又は建設の用に供する目的で行う開発行為
八　政令で定める危険物の貯蔵又は処理に供する建築物又は第一種特定工作物で、市街化区域内において建築し、又は建設することが不適当なものとして政令で定めるものの建築又は建設の用に供する目的で行う開発行為
八の二　市街化調整区域のうち災害危険区域等その他の政令で定める開発

行為を行うのに適当でない区域内に存する建築物又は第一種特定工作物に代わるべき建築物又は第一種特定工作物（いずれも当該区域外において従前の建築物又は第一種特定工作物の用途と同一の用途に供されることとなるものに限る。）の建築又は建設の用に供する目的で行う開発行為

九　前各号に規定する建築物又は第一種特定工作物のほか、市街化区域内において建築し、又は建設することが困難又は不適当なものとして政令で定める建築物又は第一種特定工作物の建築又は建設の用に供する目的で行う開発行為

十　地区計画又は集落地区計画の区域（地区整備計画又は集落地区整備計画が定められている区域に限る。）内において、当該地区計画又は集落地区計画に定められた内容に適合する建築物又は第一種特定工作物の建築又は建設の用に供する目的で行う開発行為

十一　市街化区域に隣接し、又は近接し、かつ、自然的社会的諸条件から市街化区域と一体的な日常生活圏を構成していると認められる地域であつておおむね50以上の建築物（市街化区域内に存するものを含む。）が連たんしている地域のうち、災害の防止その他の事情を考慮して政令で定める基準に従い、都道府県（指定都市等又は事務処理市町村の区域内にあつては、当該指定都市等又は事務処理市町村。以下この号及び次号において同じ。）の条例で指定する土地の区域内において行う開発行為で、予定建築物等の用途が、開発区域及びその周辺の地域における環境の保全上支障があると認められる用途として都道府県の条例で定めるものに該当しないもの

十二　開発区域の周辺における市街化を促進するおそれがないと認められ、かつ、市街化区域内において行うことが困難又は著しく不適当と認められる開発行為として、災害の防止その他の事情を考慮して政令で定める基準に従い、都道府県の条例で区域、目的又は予定建築物等の用途を限り定められたもの

十三　区域区分に関する都市計画が決定され、又は当該都市計画を変更して市街化調整区域が拡張された際、自己の居住若しくは業務の用に供する建築物を建築し、又は自己の業務の用に供する第一種特定工作物を建設する目的で土地又は土地の利用に関する所有権以外の権利を有していた者で、当該都市計画の決定又は変更の日から起算して６月以内に国土

交通省令で定める事項を都道府県知事に届け出たものが、当該目的に従つて、当該土地に関する権利の行使として行う開発行為（政令で定める期間内に行うものに限る。）

十四　前各号に掲げるもののほか、都道府県知事が開発審査会の議を経て、開発区域の周辺における市街化を促進するおそれがなく、かつ、市街化区域内において行うことが困難又は著しく不適当と認める開発行為

農地転用許可の申請手続き

農地転用の許可を受けようとする場合、申請者は、農林水産省令の定めに従い記載した転用許可申請書及びその他必要な書類を、農業委員会を経由して都道府県知事等に提出しなければなりません。申請には大きく分けて３つの種類があります。１つ目は農地法第３条の申請（移転）、次に第４条の申請（転用）、最後に第５条の申請（移転・転用）です。対象農地の今後の利用目的により、いずれかの申請を行いますが、許可権者は申請があった場合、立地基準及び一般基準（用語解説を参照）に基づき、許可、不許可の判断を行います。申請受領後は、概ね図表６－１のような流れで手続きが行われます。

図表6-1　農地転用許可の手続きの流れ

1．農地法第３条許可の流れ

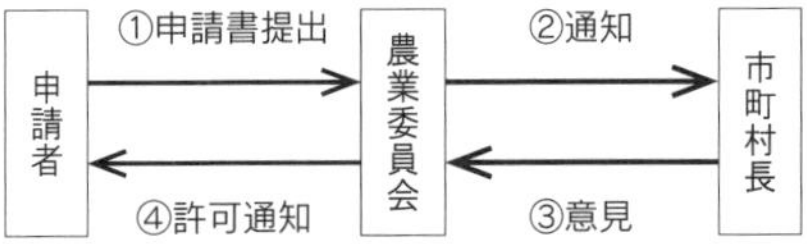

※　市町村長への通知等（②、③）は、一般法人の賃借を許可しようとする場合のみ。

2．農地法第４条、第５条許可の流れ

(1)　30 アール以下の農地を転用する場合の手続き

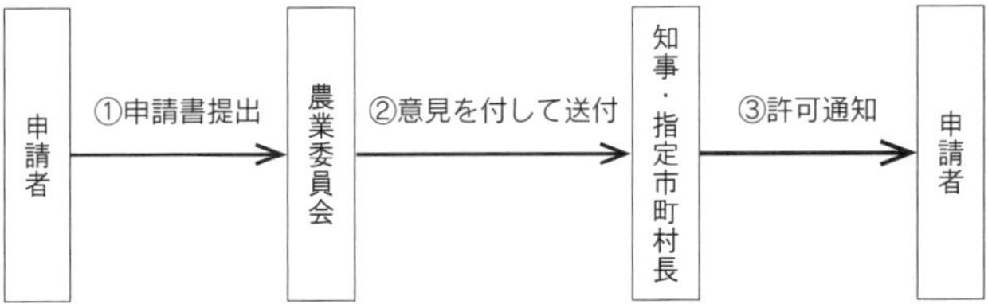

※　農業委員会は、必要があると認めるときには、都道府県農業委員会ネットワーク機構へ意見を聴くことができます。

(2)　30 アールを超える農地を転用する場合の手続き

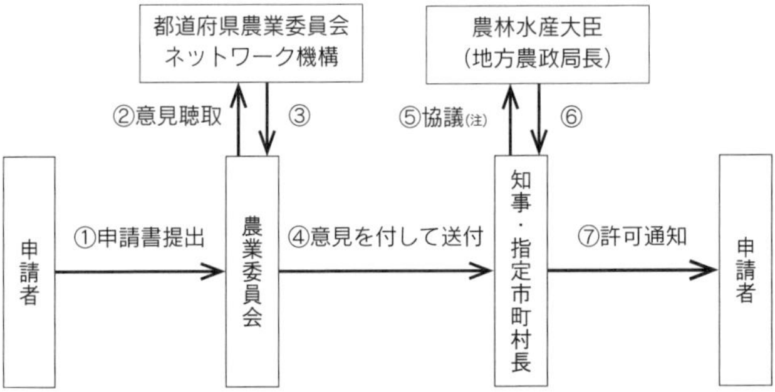

(注)　４ヘクタールを超える農地を転用する場合には、農林水産大臣との協議が必要

(3)　農業委員会への提出（市街化区域内農地の転用）

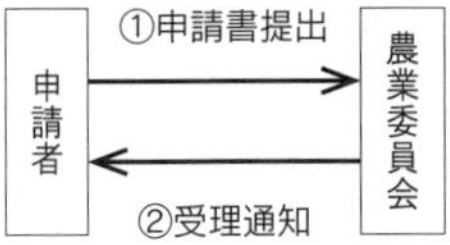

（出典：農林水産省）

用語解説

立地基準

① 農用地区域内農地（農地法第４条第６項第１号イ、第５条第２項第１号イ）

市町村が定める農業振興地域整備計画において農用地区域とされた区域内の農地は、原則として転用は許可されません（例外として市町村が定める農用地利用計画において指定された用途等のために転用する場合は許可されることもあります）。

② 甲種農地（農地法第４条第６項第１号ロ、第５条第２項第１号ロ）

市街化調整区域内の土地改良事業等の対象となった農地（８年以内）等、特に良好な営農条件を備えている農地についても、原則として転用は許可されません（例外として土地収用法の認定を受け、告示を行った事業等のために転用する場合は許可されることもあります）。

③ 第１種農地（農地法第４条第６項第１号ロ、第５条第２項第１号ロのうち②甲種農地を除く）

10ヘクタール以上の規模の一団の農地、土地改良事業等の対象となった農地等良好な営農条件を備えている農地についても原則として転用は許可されません（例外として土地収用法対象事業等のために転用する場合には許可されることもあります）。

④ 第２種農地（農地法第４条第６項第１号ロ（二）、第５条第２項第１号ロ（二）、第４条第６項第２号、第５条第２項第２号）

鉄道の駅が500メートル以内にある等、市街地化が見込まれる農地又は生産性の低い小集団の農地については農地以外の土地や第３種農地に建築物が立地困難な場合等には許可されます。

⑤ 第３種農地（農地法第４条第６項第１号ロ（二）、第５条第２項第１号ロ（二））

鉄道の駅が300ｍ以内にある等、市街地の区域又は市街地化の傾向が著しい区域にある農地については原則として転用が許可されます。

一般基準

農地転用の必要性、確実性及び周辺農地等への被害の防除措置の妥当性などの観点から見て、次のいずれかに該当する場合は許可を受けることができません。

- 転用を行うのに必要な資力及び信用があると認められない場合
- 転用行為の妨げとなる権利を有する者の同意を得ていない場合
- 許可後、遅滞なく申請に係る農地を申請に係る用途に供する見込みがない場合
- 転用を行うに当たり、他法令の許可等が必要になる場合は、それらの許可等の処分がなされていないこと、又は処分の見込みがない場合
- 転用事業を農地と農地以外の土地にまたがって行う場合、農地以外の土地のみで申請目的を達成する見込みがある場合
- 申請に係る農地の面積が申請に係る事業の目的から見て適正と認められない場合
- 転用目的が、土地の造成のみを目的とするものである場合（造成のみの転用は原則的に許可できませんが、例外として農地法施行規則に列挙されている場合については、許可できる場合があります）

POINT　農振除外手続きについて

農用地区域は、農業上の利用を確保するために定められた区域であることから、その区域内にある土地の農業以外の目的（住宅、商業施設、駐車場、資材置場等）への転用は、農振法及び農地法によって厳しく制限されています。

しかし、やむを得ず農業以外の目的へ転用する必要がある場合は、農振法によって定められた要件を満たす場合に限り、農業振興地域（※1）整備計画を変更して、その土地を農用地区域から除外することができます。このような整備計画の変更が、いわゆる農振除外といわれています。

農用地区域以外の農業振興地域（白地地域）（※2）における農地の転用については、本法による開発規制は行われませんが、農地法による転用許可は必要となります。

※1　農業振興地域とは、市町村が将来的に農業上の利用を確保すべき土地として指定した区域で農地転用は禁止されています。

※2　白地とは、「農業振興地域内農用地区域外農地」のことをいい、特徴としては、農地の集団性が低く、土地改良事業を実施していない等の理由から「農業振興地

域内農用地区域内農地」（青地）の指定がされておらず、青地と比較すると農地以外への規制は比較的緩くなっています。また、農振除外は必要ありませんが、農地転用は必要です。

一方、青地とは、「農業振興地域内農用地区域内農地」のことを言い、略して「農振農用地」又は白地に対して「青地」と呼ばれています。特徴として、今後10年以上にわたり農業利用を確保するため、農地以外の利用を厳しく制限しており、農振除外の対象地となります。

農地法第３条による許可申請

市街化区域内、市街化調整区域内及び非線引きの土地計画区域内の農地につき、所有権の移転（売買等）、地上権、永小作権、質権、使用貸借による権利、賃貸借もしくはその他の使用及び収益を目的とする権利を設定し、もしくは移転する場合に申請が必要となります。

例えば、農地を住宅等へ転用せず、農業を行うために農地のまま所有者以外の第三者のために権利を譲る場合等に必要となるのが、第３条の許可申請です。なお、許可を受けるためには以下のような要件を満たす必要があります。

・　申請農地を含め、所有している農地又は借りている農地の全てを効率的に耕作すること
・　法人の場合、農業生産法人の要件を満たすこと
・　申請人又は申請人の世帯員等が農作業に常時従事すること
・　申請農地を含め、耕作する農地の合計面積が50アール以上であること
・　申請農地の周辺の農地利用に影響を与えないこと

許可を受けずに権利移転等を行った場合には、権利移転の契約等が無効となることがあります（農地法第３条第７項）。さらに、罰則として３年以下の懲役又は300万円以下の罰金が科される恐れがあります（農地法第64条第１号）。

農地法第４条による許可申請

農地を転用、つまり農地以外のものにする場合です。例えば、自身が所有している農地上に住宅を建築するため、農地を宅地に転用する場合に許可が必要

となります。

許可を受けずに農地転用を行った場合には、原状回復命令等の行政処分を受けることがあります。さらに、罰則として３年以下の懲役又は300万円以下の罰金が科される恐れがあります（農地法第64条第１号）。

農地法第５条による許可申請

農地又は牧草放牧地を転用するためにこれらの土地に何らかの権利を設定し、あるいは権利を移転する場合、例えば、農地の使用収益をする権利等を持っていない者が、農地を買い受け、あるいは賃借し、宅地に変えて住宅を建築しようとする場合に、許可が必要となります。

許可を受けずに移転等を行った場合には、権利移転の契約等が無効となることがあり（農地法第３条第７項）、転用についても原状回復命令等の行政処分を受けることがあります。さらに、罰則として３年以下の懲役又は300万円以下の罰金が科される恐れがあります（農地法第64条第１号）。

農地法第４条及び第５条の許可申請については第３条の許可申請と異なり、農地の転用を伴いますが、農地の面積により、手続きが異なります。

- ４ヘクタール以下の市街化調整区域の農地を農地以外のものにする場合は、「都道府県知事許可」が必要となります。
- ４ヘクタールを超える市街化調整区域の農地を農地以外のものにする場合は、国との協議を付した上で「都道府県知事許可」が必要となります。

相談からの流れ

農地転用許可（届出）手続きにおいて、農地法の細かい知識がどこまで必要かは正直判断が難しいところではあります。実務においては前述したとおり、農地法の細かな知識がなくとも、農業委員会へ事前確認することにより、手続き自体に困ることは少なく、申請を行うことができます。そもそも申請は行政書士に頼まず、自身でする方も比較的多く、場合によっては土地取引に係わった不動産会社の担当者が生業としてではなく、申請をサポートしている場合もあることからわかるように、さほど難しい手続きではありません。

それよりも重要となるのは、対象敷地に対し農地転用許可が下りるかどうかということでしょう。本来的には農業委員会が判断をすることですが、相談者から質問を受けることがあります。各農業委員会により考え方や判断基準に多少の誤差はあるかと思いますが、その点も踏まえ筆者がどのように対応しているのか、相談から申請までの流れを記載しますので、参考にしていただければと思います。

・　農地転用許可申請の相談

⬇

・　事前調査

⬇

・　農業委員会へ事前確認

⬇

・　申請人へのヒアリング

⬇

・　申請書類、押印書類の作成

⬇

・　申請

農地転用許可申請の相談

筆者の事務所では相談者は主に不動産会社、司法書士、税理士等で、土地所有者から最初に直接相談を受けることはほとんどありません。

まずは、相談者が把握している情報を確認することから始めます。ヒアリング項目は以下のとおりです。

- 土地の所在（地番又は住所）
- 取引の内容（第３条、第４条、第５条のいずれか）
- 現在の土地の利用状況
- 今後の利用目的

・　依頼者の連絡先　等

現在の土地の利用状況は、基本的に農地の転用には農業委員会の許可もしくは届出が必要なため、農地のはずです。しかし、土地所有者の中には農業委員会への手続きを経ずに農地を既に転用している事例も少なくありません。その場合にはそもそもその状況で許可が下りるのか、許可を受けるためにはどのような手続き（原状復帰等）が必要か、申請書への記載はどのようにすればよいか等を次の事前調査で確認しておきます。

事前調査

土地謄本、住宅地図の取得

市街化区域又は市街化調整区域か等、その地域の区分を調査します（インターネットでわからない場合は役所へ直接確認する）。市街化調整区域内では、建築行為等を伴う場合第４章で説明した開発許可申請と農地転用許可申請の同時申請が求められることがあります。

公図の取得

土地謄本と公図は、農業委員会から法務局で取得したものを求められることが多いため、登記情報提供サービスからではなく、法務局で事前に取得しておく方がよいでしょう。ただし、まだ依頼となるかどうかがわからない状況では相談者（不動産会社や司法書士等）の手元にある謄本、公図等を先方からもらっておくとよいでしょう。なお、区画整理地内の場合は、公図ではなく仮換地証明書や底地証明書等が必要となります。

申請書類及び添付書類の確認

農業委員会のホームページ等で申請書類及び添付書類を確認しておきます。

農業委員会へ事前確認

過去に対象敷地について農地転用許可（届出）の申請がなされていないか確認

農地転用許可（届出）の依頼の場合、第３条申請を除き、最終的には土地を農地以外に転用するための地目変更登記が念頭にあります。しかし、過去に農地転用許可（届出）の申請が受理されているにもかかわらず、登記簿上の地目が田や畑のままになっていることがあります。過去に申請がなければ通常どおり申請の手続きを行いますが、過去に申請が行われていた場合には、所有者の手元に許可書又は受理通知書が残ってないか確認し、それがあれば現況と一致していることを確認します。現況と一致していれば、地目変更登記が可能ですので、改めて農業委員会へ申請する必要はなくなります。

しかしながら、過去に取得していた許可証や受理通知書の原本を今現在所持していないという方はよくいます。地目変更登記には許可証等の原本が必要となりますので、所持していない場合には、その代替え措置を確認する必要があります。

こちらも農業委員会により対応はまちまちですが、具体的には以下のようなものがあります。

① 再発行の手続きにより許可証又は受理通知書の交付を行う

② 過去に申請を受理していることの証明書（受理証明書等）を交付する

※ 地目変更の際にはこの証明書を添付して登記申請を行うことができます。

③ 再申請を受け付ける（新たに農地転用手続きを行う）

④ 再申請を受け付けず、証明書類等も交付を行わない

※ 農業委員会としては過去に申請を受け付けている経緯があるので、改めて同一の敷地に対して対応はしないという立場です。前述したとおり、地目変更登記には許可証等の原本が必要ですが、この場合は何も添付することができません。しかしながら、添付ができないからといって、必ずしも地目変更登記ができないというわけではありません。

法務局は許可証等の原本が添付されていない地目変更登記が申請された場合、管轄の農業委員会に対し、照会を行います。農業委員会は法務局から照会があると、調査確認後、法務局へ回答を行います。法務局はその回答を持って、登記の完了手続きを行います。農業委員会の調査後の回答を待ってからの対応となりますので、通常よりも２～３週間登記完了が遅れる場合があります。

● 現況が農地でない場合の手続きの流れ、申請書への記載方法の確認

本来は農業委員会へ申請した後、農業委員会の許可が下りた段階で農地を転用すべきですが、善意か悪意かは別にしても現況が既に農地以外となっている場合があります。農業委員会の申請書類や添付書類は現状が農地であることを前提とした手続きとなりますので、現況が農地以外の場合、別途必要な書類や記載が必要な事項等が出てくることがあります。市街化調整区域の場合はそもそも現状では受け付けてもらえない可能性も高いです。農業委員会からすれば、「今まで勝手に転用していたのに、急に今から正規のルートで転用の手続きをさせてくださいと言われても、まずは現状を農地へ戻し(原状回復)、その上で話しを進めてください」というのも、もっともだと思います。

申請人と打ち合わせを行う前にある程度方向性の確認はしておいた方がよいでしょう。そうでなければ、受任後、最終的に許可が下りませんでしたということにもなりかねませんので、リスクやデメリットがある場合はなるべく早めに申請人へ伝えられるようにしましょう。

● 添付書類で不明な点の確認

謄本や公図の原本が必要かコピーでもいいのか、登記簿上の所有者の住所が違う場合や相続が発生している場合の追加資料はどういったものが必要か等を確認します。

◤ 申請人へのヒアリング

ここまでの調査で申請人に確認すべき事項を洗い出してから、申請人に確認を行います。

現状、農地以外の利用をしている場合、いつ頃から利用をしているか、農業委員会から原状回復を求められた場合に原状回復は可能かどうかも併せて確認しておきます（既に建物が建築されており、原状回復が難しい場合もある）。

申請書類、押印書類の作成

委任状や申請書類等、申請人に押印をもらう書類がありますので、書類の準備をします。

申請人の都合もありますが、不備なく押印書類をもらうために、ある程度申請書類が整った状態で押印書類の手配をした方がよいでしょう。

場合によっては、書類作成前に申請人からヒアリングした後、農業委員会へ相談に行くこともあります。

申　請

農業委員会では郵送申請を受け付けているところが少なく、基本的には窓口に申請書類を持ち込む必要があります。農業委員会によっては担当者が不在の場合、その場で書類のチェックを受けることができず、追記事項等があった場合に後日再度窓口への来庁が求められることがあります。また、毎月の締め日を設けている場合もありますので、申請前に確認しておくとよいでしょう。

図表6-2　第３条許可申請書の見本

㊞　　㊞（捨印）

農地法第３条の規定による許可申請書

下記〔 農地 ・ 採草放牧地 〕について　**所有権**　を〔 設定 ・ 移転 〕したいので、農地法第３条第１項許可を申請します。

該当する内容に○を付してください。

令和元年〇〇月〇〇日

木更津市農業委員会会長　　　　様

申請人

買う人・借りる人 → 譲受人　**木更津　太郎**　印

売る人・貸す人 → 譲渡人　**千葉　　花子**　印

記

1　申請当事者の氏名（名称）、住所、職業及び年齢

当事者	氏名	年齢	職業	現住所	備考
譲受人	**木更津　太郎**	**５０**	**農業**	**木更津市潮見１－１** 電話連絡先　**0438－23－7111**	
譲渡人	**千葉　　花子**	**５５**	**農業**	**木更津市潮見１－２** 電話連絡先　**0438－23－7112**	

2　許可を受けようとする土地の所在、地番、地目、面積、利用状況、普通収穫高及び耕作者の氏名又は名称

所在・地番	地目		面積	10アール当り普通収穫高	利用状況	所有者氏名（名称）	利用者（所有権以外の使用収益権が設定されている場合）		備考
	登記簿	現況					氏名（名称）	利用権原	
潮見１－３	**畑**	**畑**	**９００**		**路地野菜**	**千葉　　花子**			

3　権利を設定し、又は移転しようとする事由の詳細

譲受人　農業経営の拡張
譲渡人　相手方の要望

双方の記載をしてください。

4　権利を設定し、又は移転しようとする契約の内容

売買契約　売渡金額　100万円
（賃貸借契約　平成〇〇年〇月〇日より５年間）

㊞　　　㊞（捨印）

5　権利を設定、移転しようとする当事者及びその世帯員が現に所有し、又は使用収益権を有する農地及び採草放牧地の面積並びにこれらの者が権原に基づき現に耕作又は養畜の事業に供している農地及び採草放牧地の面積

	譲受人						譲渡人			
	所有地			借入地		経営地 ①＋④				
	自作地 ①	貸付地 ②	その他 ③	現に耕作中の土地 ④	その他 ⑤		自作地 ①	借地 ②	貸付地 ③	経営地 ①＋②
田	5,000					5,000	900			900
畑										
樹園地										
計	5,000					5,000	900			900
採草放牧地										
山林その他										

6　権利を取得しようとする者又はその世帯員（構成員）がその耕作又は養畜の事業に従事している状況及びその労働力以外の労働力に依存している状況（法人にあってはその法人のその耕作又は養畜の事業に係る労働力の状況）

	氏名	年齢	権利取得者との続柄	職業	農作業従事日数	備考
世帯員（構成員）	木更津　太郎	50	本人	農業	300	
	木更津　桜子	48	妻	農業	250	
常雇						
季節雇・臨時雇	年間延日数					日

買う人・借りる人の世帯（家族）の状況を記載してください。

7　農地法第2条第3項に規定する農地所有適格法人の要件に係る事項

別紙を確認する（農地所有適格法人の場合のみ）。

8　権利を取得しようとする者及びその世帯員の農機具及び家畜の保有状況

数量＼種類		トラクター	耕うん機	田植え機	軽トラック		
確保済み	所有	1	1	1	1		
	リース						
導入予定	所有						
	リース						
（資金繰りについて）							

農機具とは、トラクター、耕うん機、田植機、コンバイン等です。
「家畜」とは、牛、豚、鶏等です。

㊞　　　㊞（捨印）

9　その法人の業務を執行する役員のうち、その法人の行う耕作又は養畜の事業に常時従事する者の役職名及び氏名並びにその法人の行う農業への従事状況（農地法第３条第３項の適用を受けて農地所有適格法人以外の法人が同条第１項の権利を取得しようとする場合のみ記載する。）

氏名	役職名	農業従事状況 〔その法人が農業（労務管理や市場開拓等も含む。）を行う期間：年　　　箇月〕
		当該事業に参画・関与している期間
		年　　　箇月（直近の実績） 年　　　箇月（見込み）
		年　　　箇月（直近の実績） 年　　　箇月（見込み）
		年　　　箇月（直近の実績） 年　　　箇月（見込み）

10　その他参考となるべき事項

（出典：木更津市）

図表6-3　第３条の３届出書の見本

農地法第３条の３第１項の規定による届出書　**記入例**

令和 **元** 年 **4** 月 **1** 日

木更津市農業委員会会長　様

届出者　住所　**木更津市潮見１－１**

氏名　**木 更 津　太 郎**　印

（連絡先）**0438－23－7111**

下記農地（採草放牧地）について、　**相 続**　により　**所 有 権**　を取得したので、農地法第３条の３の規定により届け出ます。

記

1　権利を取得した者の氏名等

氏　　名	住　　所
木 更 津　太 郎	**木更津市潮見 1－1**

2　届出に係る土地の所在等

所在・地番	地　目		面積(㎡)	備　考
	登記簿	現　況		
潮見　字　朝日　1111－1	**田**	**田**	**1021**	
〃　　1111－2	**畑**	**畑**	**300**	
※　土地が多い場合は「**別紙のとおり**」とし、別紙（土地一覧表）を添付する。				

3　権利を取得した日

平成　**27**　年　**7**　月　**10**　日　※相続の場合、相続が発生した日（死亡日）

4　権利を取得した事由

木更津市潮見 1－1　木更津一郎（父）から相続

5　取得した権利の種類及び内容

権利の種類　**所有権**　　耕作の状況　**自作・貸付・不耕作　等**　使用収益権等の設定（見込み）**無**

6　農業委員会によるあっせん等の希望の有無

無　・　有　売りたい　・　貸したい

7　あっせん希望有の場合、連絡先を担当農業委員及びあっせんの相手方へ開示してもよろしいですか

はい　・　いいえ

（出典：木更津市）

農委受付　　　　　　　農林振興センター受付　　　　　　　農地課受付

農地法第※④　5 条の規定による許可申請書

下記土地について　**転用**　したいので農地法第④，5 条の規定によって許可を申請します。

年　　月　　日

千 葉 県 知 事　　　　　　　様

譲受人　　**木更津　太郎**　　印

譲渡人　　　　　　　　　　　印

		住　　　所	氏　名（名称） 本人の電話連絡先等	年　齢	職　業
1 申請者の住所 氏 名，年 齢 及び職業	譲受人	**木更津市潮見１－１**	**木更津　太郎** 電話連絡先　**0438－23－7111** 連絡先名称　**（木更津市役所）**	**40**	**地方公務員**
	譲渡人		電話連絡先 連絡先名称		

	土地の表示 木更津市 大 字	字	地　　番	地 目 登	現	面　積　㎡	平均収量 (10a当たり)	所有者氏名	耕作者氏名	自 作・ 貸付の別
2 許可を受けようとする土地表示・利用状況等	**潮見**	**潮浜**	**111番地**	**田**		**500**		**木更津　太郎**	**木更津　太郎**	**自作**
	合　　計		田　**500** ㎡　畑　　㎡　採　　㎡　計　**500** ㎡							

3 転用計画	(1) 用　途	**農家住宅**	(2)転用事由の詳細	**別紙事業計画書のとおり**	
	(3) 転用の時期	着手予定　平成**35**年**1**月**1**日　　完了予定　平成**35**年**5**月**31**日			
	(4) 事業又は施設の概要	用途区分	棟数	建築物（工作物）の建築面積	その他
		住宅	**1棟**	**木造２階建て（建築面積65㎡）**	
				（延べ床面積　140㎡）	

4 転用に伴う給付，その他	(1) 転用地の価格　　円 (2) 相手方に対する離作補償等（㎡当）　　円 (3) 隣接地に対する損害補償等　　円	(4) 転用地の賃借料（年㎡当　　円 (5) 賃借期間　自　　年　　月　　日 至　　年　　月　　日	
5 資金調達についての計画	資金所要額　土地代金　　千円 整地費　**500**　千円 建設費　**25,000**　千円 その他　**500**　千円	計　**26,000** 千円 自己資金　**6,000** 千円 借入金　**20,000** 千円	
6 譲受人と譲渡人との関係		7 転用することによって周辺の農地に係る営農条件への支障の有無とその被害防除措置の概要	**別 紙 事 業 計 画 書 の と お り**
8 その他参考事項			

（出典：木更津市）

図表6-5　第５条許可申請書の見本

農委受付　　　　農林振興センター受付　　　　農地課受付

農地法第※４，⑤条の規定による許可申請書

下記土地について **転用に伴う所有権移転** したいので農地法第　４，⑤条の規定によって許可を申請します。

年　　月　　日

千　葉　県　知　事　　　　　　　様

譲受人　**木更津　太郎**　　印

譲渡人　**富来田　二郎**　　印

		住　　所	氏　名（名称） 本人の電話連絡先等	年　齢	職　業
1 申請者の住所氏名，年齢及び職業	譲受人	**木更津市潮見１－１**	**木更津　太郎** 電話連絡先 **0438－23－7111** 連絡先名称　**（木更津市役所）**	40	**地方公務員**
	譲渡人	**木更津市真里谷２－２**	**富来田　二郎** 電話連絡先 **0438－53－5311** 連絡先名称　**（木更津出長所）**	60	**農業**

	土地の表示 木更津市 大　字	字	地　　番	地　目 登	現	面　積　㎡	平均収量 （10a当たり）	所有者氏名	耕作者氏名	自　作・ 貸付の別
2 許可を受けようとする土地表示・利用状況等	**潮見**	**潮浜**	**111番地**	**田**		500		**木更津　太郎**	**木更津　太郎**	**自作**
	合　　計		田　500 ㎡　畑　　㎡　採　　㎡　計　500 ㎡							

3 転用計画	(1) 用　途	**専用住宅**	(2)転用事由の詳細	**別紙事業計画書のとおり**	
	(3) 転用の時期	着手予定　平成35年1月1日　　完了予定　平成35年5月31日			
	(4) 事業又は施設の概要	用途区分	棟数	建築物（工作物）の建築面積	その他
		住宅	**１棟**	**木造２階建て（建築面積65㎡）**	
				（延べ床面積　140㎡）	

4 転用に伴う給付，その他	(1) 転用地の価格　2,000,000 円 (2) 相手方に対する離作補償等（㎡当）　円 (3) 隣接地に対する損害補償等　円	(4) 転用地の賃借料（年㎡当　円 (5) 賃借期間　自　年　月　日 至　年　月　日
5 資金調達についての計画	資金所要額　土地代金　2,000 千円 整地費　500 千円 建設費　25,000 千円 その他　500 千円	計　28,000 千円 自己資金　8,000 千円 借入金　20,000 千円

6 譲受人と譲渡人との関係	**知人**	7 転用することによって周辺の農地に係る営農条件への支障の有無とその被害防除措置の概要	**別紙事業計画書のとおり**
8 その他参考事項			

（出典：木更津市）

図表6-6　第４条第１項第８号届出書の見本

欄外に捨印をお願いします　川口　新郷

窓口に提出される日を記入してください

様式１－８

農地法第４条第１項第８号の規定による農地転用届出書

令和 ○○ 年 ○○ 月 ○○ 日

川口市農業委員会会長　　様

届出者氏名　**川口　太郎**　㊞　川口

新郷　次郎　㊞　新郷

仮換地の場合は赤で記入
または赤で下線を引いてください

下記によって農地を転用したいので、農地法第４条第１項第８号の規定によって届け出ます。

記

現況の地目が雑種地等で耕作者がいない場合は記入しないでください

１　届出者の住所及び職業	住所					職業	
	青木２－１－１ 〃					**会社員** **農業**	
２　土地の所在、地番、地目及び面積並びに所有者及び耕作者の氏名	土地の所在（川口市）	地番	地目 登記簿	地目 現況	面積 ㎡	土地所有者氏名	耕作者氏名
	大字戸塚字下台	８５７４	**田**	**雑種地**	３８９	**川口 太郎 外１名**	
	〃	８９９９－２	**畑**	**畑**	３．５６	〃	**新郷　次郎**
	仮換地３４街区	**６９画地**			２５５		
	計　３９２．５６　２５５　㎡（田　３８９　㎡ 畑　３．５６　㎡）						

３　転用計画	転用の目的	**駐車場**			
	転用の時期	工事着工時期	令和　**受理後**　年	月	日
		工事完了時期	令和　〃　年	月	日
	転用の目的に係る事業又は施設の概要	**砂利敷駐車場**			
４　転用することによって生ずる付近の農地、作物等の被害の防除施設の概要	**影響が生じないよう施行いたします。**				

受理通知書

川農委収第４－　　　　号

令和　　年　　月　　日

川口市農業委員会会長　松澤　正久　㊞

上記による届出については、これを受理し、令和　年　月　日にその効力が生じたので、農地法施行令第３条第２項の規定により通知する。

（出典：川口市）

図表6-7　第５条第１項第７号届出書の見本

欄外に捺印をお願いします　（川口）（新郷）（鳩ヶ谷）

様式１－９

窓口に提出される日を記入してください

農地法第５条第１項第７号の規定による農地転用届出書

令和 〇〇 年 〇〇 月 〇〇 日

川口市農業委員会会長　様

譲受人　氏名　川口 太郎　(持分 1/2)　（川口）㊞
新郷 次郎　(持分 1/2)　（新郷）

譲渡人　氏名　鳩ヶ谷 三郎　（鳩ヶ谷）㊞

仮換地の場合は赤で記入
または赤で下線を引いてください

下記によって農地の権利を設定・移転したいので、農地法第５条第１項第７号の規定によって届け出ます。

記

現況の地目が雑種地等で耕作者が
いない場合は記入しないでください

１ 当事者の氏名、住所、職業	当事者の別	氏名	住所	職業
	譲受人	川口 太郎 新郷 次郎	青木2－1－1 〃	無職 会社員
	譲渡人	鳩ヶ谷 三郎	中青木１－５－１	農業

２ 土地の所在、地番、地目及び面積並びに所有者及び耕作者の氏名	土地の所在（川口市）	地番	地目 登記簿	地目 現況	面積 ㎡	土地所有者氏名	耕作者氏名
	大字戸塚字下台	8574	田	雑種地	389	鳩ヶ谷 三郎	
	〃	8999−2	畑	畑	3.56	〃	鳩ヶ谷 三郎
	仮換地34街区	69画地			255		
	計　392.56　255 ㎡（田　389 ㎡　畑　3.56 ㎡）						

３ 権利を設定、移転しようとする契約の内容	権利の種類	権利の設定、移転の別	権利の設定、移転の時期	権利の存続期間	その他
	所有権	移転	受理後	永久	

４ 転用計画			
転用の目的	住宅	開発許可を要しない転用行為にあっては都市計画法第２９条の該当号	
転用の時期	工事着工時期	令和　受理後　年　月　日	
	工事完了時期	令和　受理後　年　月　日	
転用の目的に係る事業又は施設の概要	木造2階建て		

所有権移転の場合

５ 転用することによって生ずる付近の農地、作物等の被害の防除施設の概要	影響がないよう施工いたします。

受　理　通　知　書

川農委収第５－　　　号
令和　　年　　月　　日

川口市農業委員会会長　松 澤　正 久　㊞

上記による届出については、これを受理し、令和　年　月　日にその効力が生じたので、農地法施行令第１０条第２項の規定により通知する。

（出典：川口市）

相談者や他士業との連携

農地に関する実務ということで、主に農地転用手続きについて説明しましたが、農地転用手続きは多くの場合（第３条申請や区画整理地内（Point 参照）を除く）、許可証や受理通知書の取得がゴールではなく、その先の地目変更登記、引いては土地取引がゴールとなります。

そのため土地の引き渡し時期の兼ね合い等から、スピード感を求められることもあります。場合によっては、土地家屋調査士の手配から土地所有者等との面談調整、スケジュール管理等、段取りが重要となってきますので、相談者（不動産会社等の担当者）と事前にしっかりと打ち合わせをしておきましょう。

Point　区画整理地内の地目変更登記

不動産取引において登記上の地目が田や畑であっても建物の建築等により現況の地目が変更されている場合は取引時に地目変更登記が行われることが一般的です。しかしながら、区画整理地内の土地の場合は登記上の地目は従前地が対象ですので、仮換地部分に住宅が建っても従前地が宅地でなければ地目変更登記はできません。ただし、土地区画整理事業施行者の従前地の測量資料から従前地が特定でき、従前地も宅地であれば地目変更は可能です。

建物が建築されている底地上の地番と従前地の地番は一致しないことが多く、従前地の特定が難しい場合もあることから区画整理地内の地目変更登記はできないと解釈されているところがありますが、必ずしもできないというわけではありません。

非農地証明書の取得

農地転用許可手続きについては農地法や農業に関する聞きなれない言葉も多く出てきますが、まずは手続きの種類（第３条、第４条、第５条の申請書の見本を確認）、許可と届出の違い等についてはしっかりと押さえておいてください。

また、農地に関する実務には農地転用許可手続き以外にも非農地証明書の取得というものもありますので、併せて覚えておきましょう。

用語解説

非農地証明書

登記簿上の地目が農地である土地が農地転用許可を受けずに、農地以外に転用された場合、原則、原状回復等が求められますが、一定の要件を満たす場合に限り非農地証明書が発行されます。

非農地証明は次のいずれか1つに該当する場合に各市町村の農業委員会より発行されます。

1．農地法が適用された日以前から非農地であった土地
2．自然災害による災害地で農地への復旧が困難であると認められる土地
3．農業振興地域の整備に関する法律で定める「農用地区域」の外の土地で、原則として20年以上耕作放棄され将来的にも農地として使用するのが困難であり、農地行政上も特に支障がないと認められる土地

非農地証明を取得するには、上記の1つに該当することを客観的に証明する証拠が必要です（非農地を証明する航空写真・家屋登記簿謄本・課税証明等）。

図表6-8　非農地証明願の見本

記入例　　捨印 ㊞

非　農　地　証　明　願

令和　元年　○月△△日

仙台市農業委員会会長 様

願出人　住　所：仙台市青葉区○○字○○２０－１
氏　名：　仙 台　四 郎　　　　　㊞

下記の土地は、現在農地以外の目的に供しているので、農地法の適用を受けない旨を証明願います。

記

<table>
<tr><td>1 転用されたまたは非農地化した年月日</td><td colspan="6">昭和 ６３ 年１０月２３日</td></tr>
<tr><td rowspan="6">2 証明を受けようとする土地の所在等</td><td rowspan="2">土地の所在</td><td rowspan="2">地番</td><td colspan="2">地目</td><td rowspan="2">面積(㎡)</td><td rowspan="2">備考</td></tr>
<tr><td>登記</td><td>現況</td></tr>
<tr><td>仙台市青葉区○○字○○</td><td>20－1</td><td>畑</td><td>宅地</td><td>1, 260</td><td></td></tr>
<tr><td></td><td></td><td></td><td></td><td></td><td></td></tr>
<tr><td></td><td></td><td></td><td></td><td></td><td></td></tr>
<tr><td></td><td></td><td></td><td></td><td></td><td></td></tr>
<tr><td>3 農地を転用した理由または非農地化した経緯</td><td colspan="6">昭和63年 10月 23日(家屋登記)に農家住宅を建替えした際，敷地の地番が農地とは認識しておらず，建築してしまいそのまま現在に至る。</td></tr>
<tr><td>4 現在の状況</td><td colspan="6">農家住宅（居宅・農業用倉庫）敷地</td></tr>
<tr><td>5 添付書類</td><td colspan="6">登記事項証明書(土地・建物)　公図　現況写真　航空写真</td></tr>
</table>

仙農委証第　　　　号

上記土地は、農地法第２条第１項の農地または採草放牧地でないことを証明する。

令和　　年　　月　　日

仙台市農業委員会会長

(出典：仙台市)

第7章

相続・不動産分野の知っておきたい他士業業務

行政書士が相続・不動産の実務を行う上で、時には他の専門家の力を借りなければ、依頼者の期待に添うことができない場合があります。当たり前ですが、行政書士の資格を持っているからといって、あらゆる業務ができるわけではありません。自身の資格に基づいた業務のみを受託できます。受諾できない業務については他の専門家へ依頼するように相談者へ伝えることはできますが、普段から信頼できる他士業者と付き合いがあるのであれば、相談者へ案内し、両者を引き合わせることもできます。

「信頼できる専門家を紹介します」と相談者へ言うからには、自身が何も知らずにただ右から左へ次の士業者へと引き継ぐのではなく、細かい点は抜きにしても、その士業者がどういった仕事ぶりなのか、そもそもどういった仕事をしているのかは、一般の方よりは理解しておくべきだと思います。この章では他の士業者がどのような業務を行っているのか、どういった時にその士業へ相談すればいいのか、また各専門分野の知識の中で特に知っておきたい制度や法律などについてご紹介します。

司法書士

司法書士の業務で最初に思い浮かぶのは法務局への登記申請手続きではないでしょうか。近年は債務整理や過払い金請求を主軸に業務をしている司法書士事務所もあるでしょうが、そういった事務所においても不動産の売買や相続に伴う所有権移転登記の依頼や、会社設立、役員変更など商業登記に関する相談は受けていると思います。

行政書士はこの登記手続きについては相談・依頼を受けることはできず、業として行えるのは司法書士に限られ（土地家屋調査士の表示に関する登記、弁護士の代理権に基づく登記申請などを除く）、行政書士が登記手続きを行うことは司法書士法に違反し（司法書士法第73条）、1年以下の懲役又は100万円以下の罰金に処せれる場合があります（同法第78条第1項）。そのため行政書士は相続の相談を受けた場合には、預貯金・株式などの解約手続きとは異なり、不動産の相続手続きについては遺産分割協議書を取りまとめたのち、登記簿の名義変更を司法書士に引き継がなくてはなりません。

他士業者へ引き継ぐ際には何も知らない相談者に対し、どこまでを行政書士に依頼していて、どこからが他士業者の職域なのかをきちんと説明する必要があります。相談者の中には「それなら司法書士や税理士は自分で探す」という方もいますが、そのままこちらの提携先他士業者にお任せするとなることは多々あり、例えば司法書士に引き継ぐにあたって、司法書士や登記について相談者から質問を受けることもあります。いくら登記については司法書士の分野と伝えても、相談者は業際というものをそもそも意識してはいないので、わからないこと、気になることは目の前の専門家に尋ねたくなるのは十分理解できます。そこで相談者によく聞かれる質問、知っておくと役立つ知識をいくつか記載します。

相続登記の手続き費用

不動産の登記手続きにかかわらず、専門家へ依頼を検討する段階で相談者からよく聞かれる質問の一つが費用についてです。ここでは代表例として相続の相談を受けた際に司法書士へ業務を引き継ぐ場合の事例を紹介します。

相続の場合、費用の内訳で大きなものは登記申請時に国へ納める税金である登録免許税と依頼した司法書士へ支払う司法書士報酬そして戸籍などの収集にかかる費用です。上記の内、司法書士報酬については事務所ごとに自由に定めることができます（司法書士に限らず行政書士、弁護士なども自由）。仮にホームページで報酬を提示していても案件によっては増減する可能性もあり、案内が難しいので直接司法書士に確認をするようお願いしています。ただ、筆者はどの士業に依頼するにしても、まずは見積もりをとり、費用についての説明をしっかり受けるようアドバイスをしています。その上で仮に費用について説明がきちんとなされない、士業者に対し不審に思われる点がある又は費用について気になることがあるなど何がしかの事情がある場合にはセカンドオピニオンとして他事務所へ再見積もりを依頼してみるようお勧めしています。

しかしながら、報酬については依頼者に相場感覚がなく、何件見積もりを取っても結局それが正当なものか判断できないため、実際のところは士業者側が誠実に対応していれば、あえて他事務所から見積もりを取らず、そのまま依頼しているといったケースが多いように感じます。

話がそれてしまいましたが、報酬以外の部分、登録免許税と戸籍などの収集費用については案内が可能かと思います。まず、戸籍などの収集費用については、相続人の人数や被相続人の本籍の転籍されている回数にもよりますが、筆者は郵送費なども含め、実費として概ね１万円～２万円前後で案内しています（兄弟相続や数次相続の場合はさらに数万円かかる場合もあるので相続関係や被相続人の転居事情などヒアリングの際に注意が必要）。ただし、行政書士が遺産分割協議書の作成等相続手続きの依頼を受けていることを前提にすると行政書士が集めたものをそのまま登記にも使用することができ、追加費用は別途かかりませんので、依頼者には安心してもらえるのではないかと思います。

次に、登録免許税についてですが、こちらは相続による所有権移転登記の場合、税率は固定資産税の評価額に1,000分の４をかけた金額となります。例えば被相続人名義の土地建物の評価額が合わせて1,000万円だった場合、登録免許税は４万円です。2,000万円であれば８万円となります。この計算の基準となる評価額とは、固定資産税の納税通知書に記載されている金額です。

納税通知書は納税者に対し毎年６月上旬頃に送付されます。被相続人が受領後納税通知書を破棄してしまっている場合には、各市町村の固定資産税係（東京23区の場合は都税事務所）にて不動産の評価証明書を取得できますので、そちらで確認します。相談者の中には路線価と評価額を混同している方もいますが、登記申請の際には評価額が基準となります。なお、路線価とは税務申告時に指標となる財産評価基準で路線に面する宅地の１㎡あたりの評価額のことを指します。毎年７月１日に国税庁から公表されています。

手続きに関する費用はとてもデリケートな問題です。いくらこちらが信頼できる他の士業者を紹介できるとはいっても、相談者によっては信頼性よりも価格の安さにプライオリティを置いている方もいます。それは決して悪いことではありません。依頼を受けた後に、費用で相談者とトラブルになるといったケースも耳にします。自分自身もそうですが、紹介したのちに相談者と他士業者がもめないように、費用について相談者が十分理解した上で依頼するように説明していただきたいと思います。

相続における手続きの期限

相続登記をいつまでにしなければいけないのか気にする相談者の方は多くいます。結論からいうと現行法上相続登記に期限は設けられていません。第1章でも触れましたが、依頼があった相続手続きの中には30年前に被相続人が亡くなっているものや、相続人が何世代にもまたがっている場合が少なくありません。

しかしながら、期限が設けられていないからといっていつまでも登記をしないと実態上多くの問題が生じます。現在相続登記の申請義務化や遺産分割の期間制限に向けた法改正も検討されており、今後については注意が必要です。相続において期限が設けられている手続きには以下のものがあります。

相続放棄・限定承認	3か月以内
準確定申告	4か月以内
相続税の申告	10か月以内

用語解説

相続放棄・限定承認

被相続人に債務があった場合に相続放棄を選択すると相続財産全てに対して相続する権利を失ってしまいます。被相続人名義の住宅に相続人が住んでいる場合など、放棄してしまうと今後の生活に困ってしまいます。しかし、相続放棄の申請期限内に債務調査が終わらず債務の総額がわからないまま、放棄をしないでいると、結果として相続財産を超えた多額の借金を背負ってしまう可能性もあります。このように被相続人に債務があるかどうかわからない場合や債務があるが総額がすぐにはわからない場合などに限定承認をすると相続人は相続財産の範囲内においてのみ弁済する義務を負い、予期せず多額の借金を背負うリスクを避けることができます。

準確定申告

準確定申告は被相続人に代わって被相続人が死亡した年の所得税の確定申告を死後4か月以内に行います。2,000万円以上の収入がある場合や、2か所以上から給与を受け取っていた場合などは申告する必要があり、生前に多額の医療費を支払っていた場合などは申告することにより税金の還付が受けられる場合もあります。

被相続人名義の不動産売買、所有者の住所変更前の財産分与

不動産を相続した際に、その後の管理に困るので、すぐに売却したいという場合がありますが、被相続人名義のままでは売却することはできません。売買により第三者へ名義を変更するためには一度代表相続人名義又は相続人全員の共有名義に登記する必要があります。

また、離婚などに伴い夫から妻へ不動産を財産分与する際に、登記簿上の所有者（夫）の住所が現在の住所と異なる（不動産取得時の住所から移転している）場合にも、現在の住所へと住所変更の登記をしなければ妻名義へと変更することはできません。

団体信用生命保険と抵当権抹消

相続時に登記簿の乙区に銀行（保証会社）などから抵当権が設定されている場合があります。この場合、登記記録上は債務が残っているような外形に見えますが、実際には既に完済しており、抹消登記のみがなされていない場合もあります。その場合には抹消書類が銀行から渡されているので、相続人に書類があるか確認してもらい、紛失している場合には再度銀行に書類の発行をお願いする必要があります。

また、債務がまだ残っていたとしてもその抵当権が住宅ローンであれば被相続人が団体信用生命保険に加入している場合があります。団体信用生命保険に加入しているとローン完済前に債務者が死亡した場合などに、保険により残債務の返済を賄うことができ、抵当権を抹消することができます。ローン契約時

に義務になっている場合も多く、登記簿を確認した際に抵当権が抹消されていない場合にはその手続きも必要になるかもしれない旨を事前にお伝えしておくと、相談者と司法書士の間で以降の手続きがスムーズに進みます。

? 用語解説

配偶者居住権

配偶者居住権とは相続開始時点において無償で被相続人の所有建物に住んでいた配偶者に対し６か月の短期的な居住権（配偶者短期居住権）を認め、さらに要件を満たしていた場合には長期間（最長、配偶者が亡くなるまで）の居住権（配偶者居住権）を認めたものです（令和２年４月１日施行）。

これまでは配偶者が居住している不動産も遺産分割の対象となったため、遺産分割協議がまとまらず、単独で当該不動産を配偶者が相続できない場合、他の相続人から不動産の明け渡しを求められる場合や配偶者が不動産を単独で相続できたとしても他に相続財産がなく、相続分相当額の金銭を他の相続人から要求される場合等、結果として不動産を売却しなければならないようなこともありました。

しかしながら、配偶者が生活の基盤を失うことやその後の生活が苦しくなるような事態を防ぐため、法改正により新設されたのが、配偶者短期居住権と配偶者居住権です。

・配偶者短期居住権

相続開始時点において、無償で被相続人の所有建物に住んでいた配偶者は次のいずれかの日から６か月が経過するまでの間、当該建物を無償で使用する権利を得られます。

① 当該建物について遺産分割協議をする必要がある場合、遺産分割により当該建物の帰属が確定した日又は相続開始日のいずか遅い日

② 遺贈や相続放棄等により、当該建物が第三者によって取得された場合、当該第三者から配偶者短期居住権の消滅の申し入れがあった日

・配偶者居住権

配偶者居住権の要件も配偶者短期居住権と同様、相続開始時点において、被相続人の所有建物に住んでいた配偶者に次のいずれかの場合に認められ、建物の所有権を取得した者には登記義務も定められていることから、第三

者へ対抗することができます。

① 配偶者が遺産分割協議により配偶者居住権を取得した場合

② 配偶者が遺言等により配偶者居住権を遺贈（注１）された場合

注１：遺言書等で相続財産を相続人に取得させたい場合、「相続させる」と記載するのが基本ですが、配偶者居住権は「遺贈」と法律で定められております。これは配偶者が配偶者居住権の取得を望まない場合に、「相続させる」と記載されている遺言では、配偶者居住権のみを拒むことができず、相続放棄をせざる負えない場合があるからです。

税理士

相続の相談の際に節税、相続税対策といった相談を受けることがあります。その中には、そもそも相続税がかからない方もいますし、他の相続人と話す前提として相談者の考えで、相続税対策の観点から遺産分割協議を検討する方もいます。

もちろんお金は大切ですし、税金はできるだけ抑えたいと思うのももっともだと思います。しかしながら、税理士ともよく話をするのですが、遺産分割の際に相続税対策を優先させてしまうと、預貯金や株式は別として不動産のように換価が容易でない財産の場合、相続後に返って不都合が生じる場合があります。筆者はそういった相談を受けた際に、まずは相続税対策よりも相続人の皆さんでどのように相続したいのかを話し合うことをお勧めしています。その上でやはり相続税ができるだけかからないようにしたいと要望があった場合に税理士を紹介しています。

近年は相続税対策への関心も高まっており、相談者の中には書籍などで勉強している方もいますので、相談を受けていながら、税制面については逆にこちらが教えられることもあります。下記に紹介するものはその中でもよく耳にするものを記載しました。税理士と打ち合わせをする際などにも役立ちますので覚えておいていただければと思います。

暦年課税制度と相続時精算課税制度

暦年課税とはその年の1月1日から12月31日までの1年間に贈与を受けた財産の合計額が110万円を超えた場合に、超過分に対し課税がなされ、贈与額が110万円を超えていなければ、贈与税はゼロとなる課税制度です。申告も必要ありません。

相続時精算課税制度とは財産を贈与する60歳以上（その年の1月1日時点で）の親又は祖父母が20歳以上（その年の1月1日時点で）の子や孫に対し、相続が発生するまで累計2,500万円までは贈与税が非課税になる制度です。ただし、相続税の対象となるため、贈与者が亡くなった場合には、その相続財産に持ち戻されます。

相続時精算課税制度の利用にはメリットとデメリットがありますので、暦年課税制度も踏まえて、十分な検討が必要です。

相続税の配偶者控除

配偶者が相続する額が、遺産総額に対して法定相続分以下又は1億6,000万円以下であれば、配偶者には相続税が一切かかりません。配偶者の負担税額から法定相続分と1億6,000万円のうち、どちらか高い方が控除されます。したがって、配偶者が相続する場合は少なくとも1億6,000万円までは相続税が課税されないことになります。

【例1】
相続財産：1億円
配偶者の相続する額：1億円
子2人が相続する額：0円
　この場合、配偶者の相続する額が1億6,000万円以下のため、相続税は課税されない。

【例2】
相続財産：4億円
配偶者の相続する額：2億円
子2人が相続する額：2億円

この場合、法定相続分を超えていないので配偶者の相続分に相続税は課税されない。

小規模宅地等の特例

小規模宅地等の特例とは、相続税の申告の際に被相続人が住んでいた土地や事業に使用していた土地について、一定の要件を満たした場合、相続税評価額を80%又は50%減額することができる特例です。

【参考（平成27年1月1日以降に相続が開始した場合）】

被相続人の所有地	宅地の種類	適用限度面積	評価減額割合
自宅	特定居住用宅地	330㎡	80%
工場、店舗など	特定事業用宅地	400㎡	80%
駐車場業など	貸付事業用宅地	200㎡	50%
被相続人やその親族が一定の割合の株を持つ会社が事業（貸付業を除く）を行っていた土地	特定同族会社事業用宅地	400㎡	80%

弁護士

相続手続きにおいて遺産分割協議は相続人全員の同意を前提としますが、協議の段階で相続人間に意見の対立が起き、協議がまとまらない場合や、そもそも相続人が不仲又は連絡が取れないなどの理由で協議すら行えない場合もあります。相続人同士では話が進まない、お互いに口も聞きたくないなどといった場合に、行政書士は相続人の間に入って協議をまとめたり、相続人のどなたか、もしくは複数の方の代理人として相手方との協議に参加したりすることはできません。こうした相手方との交渉代理を行えるのは弁護士に限られます。

相続の相談の際に、他の相続人と仲は悪くないが、相続でもめたくないので遺産分割協議に同席してもらえないかと依頼されることがあります。そうした場合、行政書士はあくまで遺産分割協議書を作成するにあたり、相続手続きについての説明や相続人全員の意見を聴き、協議案をまとめることしかできない旨は必ず伝えます。相続人の中には専門家に同席してもらい自分の正当性の確認や自身の主張に助力してもらいたいといった考えが透けて見える場合もありますが、行政書士はどなたにも加担することはできませんし、話し合いは相続人同士で行ってもらわなければいけません。どうしてもそうしたことを望んでいる相続人にはやはり弁護士を案内するしかありません。しかしながら、弁護士に依頼しても協議がまとまらなければ、その後は調停手続きひいては審判手続きに移行しなくてはなりません。すると協議がまとまるまでに期間も費用もかかってしまいます。

もちろん相続人同士で話し合うよりも感情的な諍いがない分、弁護士が入った方がスムーズに協議が終わるケースもあります。しかし、相談者の中には弁護士への依頼は敷居が高いと感じる方もいますし、また調停や審判手続きについて案内すると、そこまですることは望んでいないという方も多いです。何より裁判をすると相手方と決定的に決別してしまうリスクもあります。それゆえ、筆者は相続人には自分たちで話し合いが続けられる見込みがあるのであれば、まずは相続人全員で話し合うことをお勧めしています。それが相続人全員にとっての利益にかなっていると思うからです。

最終的には相談者の判断となりますが、弁護士に依頼することになったとしても、相談の中でよく聞かれる遺産分割調停の流れや法テラス、そして実務を行う上で知っておきたい非弁行為については覚えておいていただければと思います。

遺産分割調停の流れ

遺産分割調停では、家庭裁判所の裁判官と調停委員が相続人全員から話を聞いた上で解決へ導くために法的な観点から中立公正な第三者の立場で助言を行い、遺産分割協議の合意に向けた話し合いを進めます。裁判とは異なり裁判官や調停委員が判断を下すのではなく、あくまで当事者の自主的な解決を手助けするものです。

遺産分割調停の流れは図表７－１のとおりです。

図表7-1　遺産分割調停の流れ

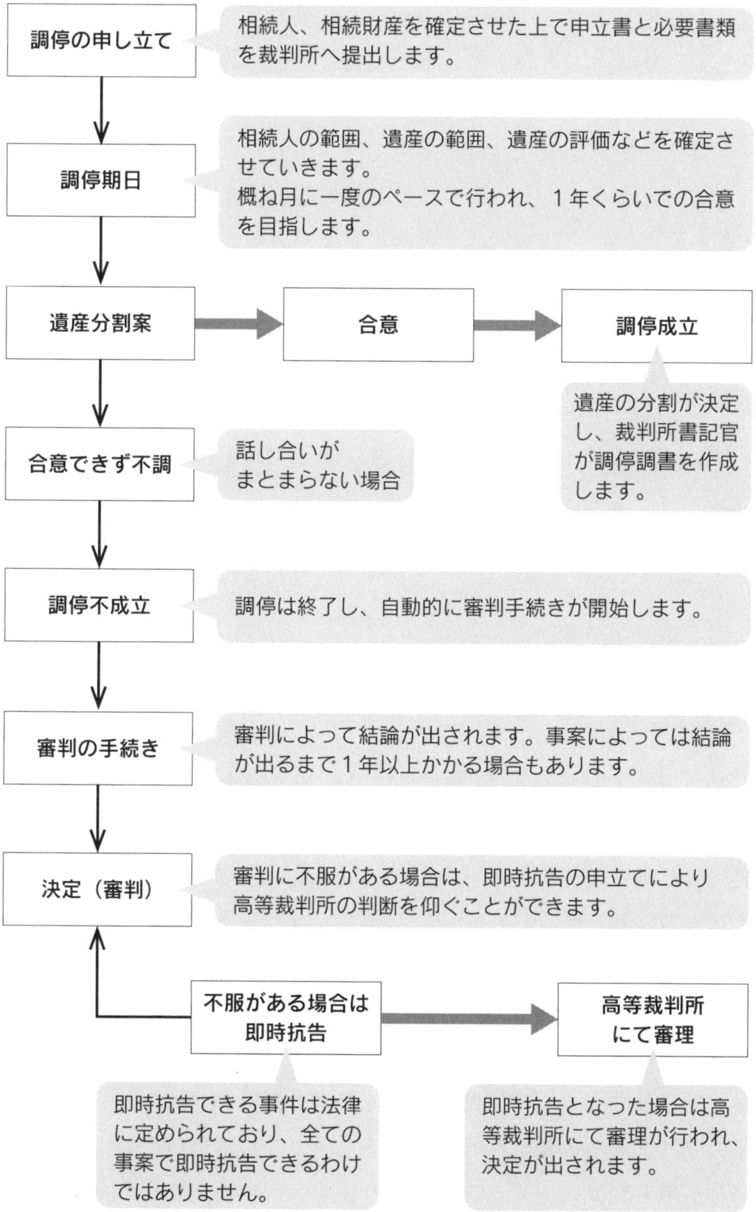

法テラス

相続人から相談を受けた段階又は手続きを進めていく中で、相談内容に争訟性を孕んでいることがあります。その場合、既に行政書士の手を離れているといえますので、速やかに弁護士の案内をしなければなりません。筆者は、相談者から弁護士の紹介を依頼された場合には、信頼できる提携先の弁護士事務所を紹介していますが、ここでもやはり費用の心配をする方は多くいます。弁護士へ依頼をした場合、依頼内容や日数にもよりますが、着手金や日当、成功報酬なども考慮するとその費用負担は決して安くはありません。

そこでお金はあまり払えないが弁護士には相談してみたいという方には法テラスをお勧めしています。法テラスは国によって設立された法的サービスを受けられる機関で、様々な法的トラブルに対応する相談窓口が設けられています。法テラスでは経済的に余裕のない方でも法的トラブルにあった際に、法律相談を無料で行い、場合によっては弁護士費用などを立て替えてくれます。もし、相談者が費用面の負担を悩んでいるのであれば法テラスの利用を案内してみてください。

非弁行為

非弁行為とは弁護士法第72条で禁止される弁護士ではない者の報酬目的で行う法律事務の取扱い行為又は訴訟事件や債務整理事件等の周旋行為を指します。違反した場合には2年以下の懲役又は300万円以下の罰金に処せられます(弁護士法第77条第3号)。

本書においても何度か申し上げてきましたが、自身の資格に基づく業務以外を業とすることはできませんので、行政書士業務を行う上で非弁行為とならないよう常に心掛けなければなりません。実務上、相談を受けていると訴訟事件に発展しそうな問題や相手方との交渉に関する相談が寄せられることもあります。その際に相談者の身になって考えると何とかしてあげたい、助けてあげたいという気持ちが湧いてくることがあります。行政書士を志した方の多くも法律の知識で人の役に立ちたい、困っている人を助けたいという思いで資格を取ったのだと思います。しかし筆者は、行政書士には弁護行為を行う資格も能力もないということを心に刻み、非弁行為に当たる可能性があると判断した場合には速やかに弁護士に引き継ぐことが、相談者のため、ひいては自身の資格を守るためにも必要なことだと考えています。

土地家屋調査士

土地家屋調査士は、これまでに紹介した司法書士、税理士及び弁護士に比べ士業者にとっても馴染みの薄い専門家かもしれません。しかし相続・不動産分野においては土地家屋調査士の存在は非常に大きなものとなります。土地家屋調査士の業務は不動産の表示に関する登記につき、土地又は家屋の調査・測量及び申請手続きの代理をすることが主で、ほかにも審査請求の手続き代理や筆界特定の手続き代理、土地の境界トラブルによる民事紛争解決手続きについても代理することができます。

筆者の事務所は土地家屋調査士との合同事務所のため、特にその傾向が強いのかもしれませんが、相続・不動産分野に携わりたいと考えている士業者にとっては今後係わる機会が増えるかと思います。これから紹介する内容は相談者や土地家屋調査士との打ち合わせで役立つ知識だと思いますので是非確認しておいてください。

未登記建物の相続

相続した建物について司法書士に相続登記を依頼しようとした際に、建物は存在するのに登記記録が法務局にない場合があります。こういった建物を未登記建物といいます。未登記建物はそのままでは相続登記を行うことができず、土地家屋調査士が建物表題登記申請をすることにより登記簿を作成します。この建物表題登記申請を行う際には土地家屋調査士が現地調査や申請人への聞き取り調査、場合によっては役所調査を行います。調査結果を基に建物の図面や申請書類を作成し、法務局へ登記申請します。登記完了後は司法書士にて相続人名義へ登記申請を行うことができます。

反対に、被相続人が生前に取壊した建物が登記記録だけ法務局に残っている場合もあります。その場合には相続登記を行わずに相続人からの委任で登記記録の抹消を申請することができます。これを建物滅失登記といいます。

土地地目変更登記

土地の登記簿にはその土地の種類が記載されています。実際の土地の利用状況に応じて、宅地、山林、田、畑、雑種地など様々なものがあり、これを地目と呼びます。登記簿を見ればその土地がどういった土地なのかわかるようになっています。

しかしながら、実態として現在の利用状況と登記地目が必ずしも一致していないことが多々あります。これは登記簿上の地目が山林や田畑の土地に住宅などを建築したにもかかわらず、地目をそのままにしている場合などに起こります。現況と登記地目が違うからといって何か日常生活で問題になることはなく、一般の方からすれば自宅の土地が登記簿上どんな種類なのか意識することは普段の生活ではまずありえないでしょう。相続などが発生し登記簿を確認して初めて知ったというケースも少なくありません。こうした場合に現在の利用状況と登記簿上の地目を一致させる、つまり種類を変更する登記を地目変更登記といいます。

行政書士にとって重要なのは田や畑（農地）を農地以外（宅地や雑種地など）の地目へ変更するには農業委員会へ農地転用許可（第６章参照）の申請が必要になることです。農地の地目変更の相談があった場合には土地家屋調査士に地目変更の依頼をするとともに、相談者へ農地転用許可の手続きを忘れずに案内しましょう。

筆界と所有権界

土地の境界には筆界と所有権界があるといわれます。どちらもあまり耳馴染みのない言葉かもしれませんが、境界を説明する上で基礎知識となると同時に専門家でも理解するのが非常に難しいものです。すぐに理解するのは難しいかもしれませんが知識としては是非覚えていただければと思います。

そもそも境界とは全ての土地に存在しますが、この境界を実際に目で見ることはできません。隣地所有者との話し合いによりブロック塀や生垣などの構造物を並べることにより土地を区画し、双方の境界を主張することはできます。簡単に言うとこの目に見えないが存在する境界が「筆界」であり、ブロック塀などで囲い自身の主張する境界が「所有権界」です。

もう少し詳しく説明すると、「筆界」は目で見ることはできませんが、法務局に備えられている図面で確認することはできます。法務局に登記されている地番と地番の境のことで、個人の意思で勝手に変更することはできない【公法上の境界】とも呼ばれます。「所有権界」は土地の所有権の及ぶ範囲の境を意味し、隣地所有者との話し合いにより自由に境界を決めることができ【私法上の境界】とも呼ばれています。筆界と所有権界は基本的には一致しており、筆界に沿ってブロック塀などを設置し、所有権界と認識されていることが多いですが、実態としては筆界と所有権界が一致していない土地も往々にして存在します。

例えば、図表7－2をご覧ください。甲と乙は現状の筆界では土地の使い勝手が悪かったため、双方の話合いにより、新たに境界（所有権界）を定め、そこにブロック塀を設置し、それぞれ建物を建築しました。その際に法務局への分筆・合筆登記などを申請していないため、筆界はそのままで、所有権界と筆界が一致しない状況が生まれました。

日常生活においてこの状況が特に問題となることはありませんが、所有権界と筆界が一致していない状態のまま何年も放置しておくと、第三者へ売買する時や、甲乙のどちらかが亡くなり相続が発生した時にこの状態が発覚すると、何年も経っているためどちらか一方が生きていても当時の状況を覚えていない、相続人が事情を知らないなどの理由により、境界紛争に発展する可能性もあります。境界紛争を未然に防ぐためにも境界を変更した場合には登記（分筆登記⇨所有権移転登記⇨合筆登記など）をして、所有権界と筆界を一致させておくことがよいでしょう。

図表7-2　所有権界と筆界

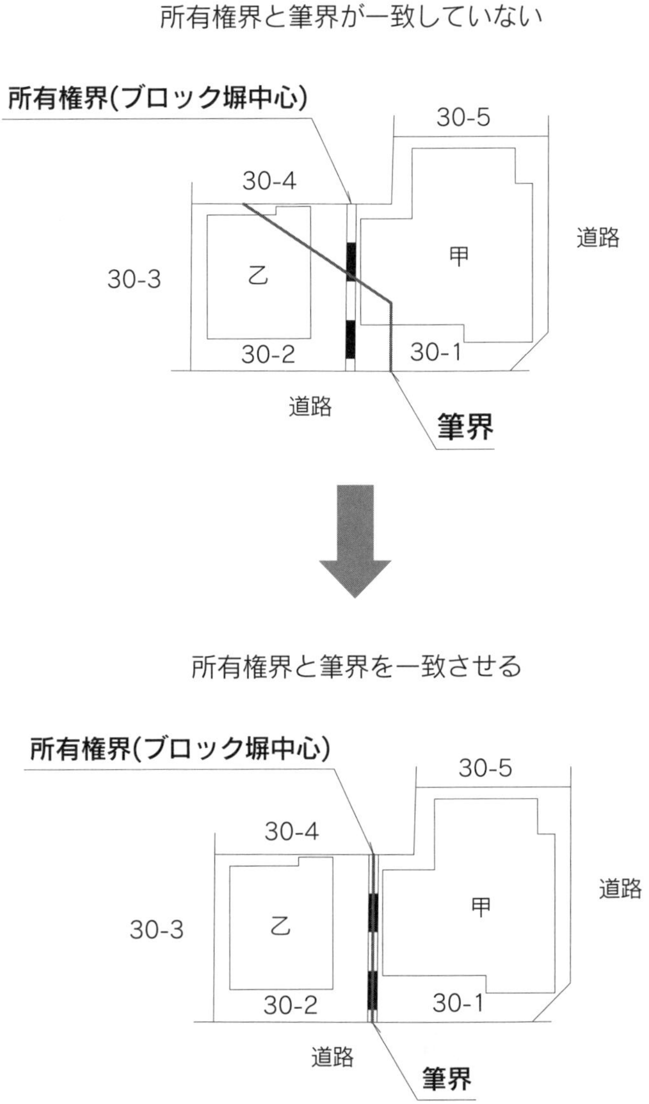

境界確定測量

相続に伴って土地を売却する場合があります。土地売却には公簿（登記簿）売買と実測売買の方法がありますが、後々のトラブルを避けるために、売主の負担で測量を行う実測売買が選択されることがあります。その際に境界を正確に把握するために法的信憑性があるのが境界確定測量です。境界確定測量の場合、法務局や役所で土地の資料を収集し、まずは現地の状況を測量します（現況測量）。その後、官公庁と立会いをし（官民境界立会い）、境界確定通知書を受領します。同時並行で隣地所有者とも立会いを行い（民民境界立会い）、同意を得て境界確認書へ署名押印をもらいます。以上の手続きが完了して、境界が確定します。

境界確定測量は作業開始から完了まで概ね２か月～４か月程かかります。隣地所有者とトラブルを抱えていたり、隣地所有者に相続などが発生しており現所有者が不明な場合などには半年以上かかる場合もあります。

用語解説

公簿（登記簿）売買

公簿（登記簿）売買とは登記簿の面積を基準にして売買価格の総額を定めて売却する方法です。測量が不要ですが、売渡後、実測面積が小さいことが判明したときにトラブルになる可能性もあります。逆に実測面積が大きくなることもあります。

実測売買

実測売買とは坪単価や㎡単価を基準に登記簿面積から一応の売買価格を設定し、契約締結後、実測面積で計算した価格との差額を清算する方法です。事前に測量をしているため、公簿売買のような面積の相違によるトラブルは起こりませんが、測量の費用と期間がかかります。

土地分筆登記

被相続人が所有していた１筆の土地を遺産分割協議により何人かの相続人で取得する場合があります。その際に共有名義で所有することもできますが、１

筆の土地をいくつかに分割して相続人ごとに土地を単独で取得することもできます。この土地を分割するための登記を分筆登記といいます。

分筆登記を行うには前述した境界確定測量が必要となります。土地の分筆は基本的に相談者の要望どおりに分けることができます。例えば相続人が配偶者と子供２人だった場合に、１筆の土地を３筆に分けることもできます。しかし、建築基準法などの規制を受け、分筆後の土地が結果として利用の難しい土地になることがあります（Point 参照）。

遺産分割協議書の相談を受けた際に、分筆を検討されている相談者には分筆後の土地利用も考慮した上で、土地家屋調査士と十分な打ち合わせをして助言する必要があります。

Point　住宅建築における制限

土地に住宅を建築する場合、無制限に建築ができるわけではなく、建築基準法による制限を受けます。例えば土地を２筆に分けた場合に道路に一定以上面していない土地があると、その土地には建物を建築することができません（接道要件）。また、地域によっては建物を建てるには最低何㎡必要かを定めている場合もあります（最低敷地面積）。この場合、分筆後の土地の面積が定められた面積以下の土地だと、建物を建てることができません。

他士業の関連知識について

最終章にあたり、いくつか他士業の関連知識について紹介しましたが、ここで触れたものはごく一部であり、業務を行う上で必要だと思う知識は積極的に学ぶ姿勢が今後も重要になってきます。自分で調べるのはもちろん、わからないことは他の士業の先生に直接教えていただくのも一つだと思います。わからないことについて他者に教えを乞うことは決して恥ずかしいことではありません。相手に積極的に質問をすることはその分野に関心が高く、今後も係わって行きたいという姿勢を相手に示すこともできます。

筆者もそうですが、他士業の方から質問を受けると自分の専門分野へ関心を持ってもらえるようで嬉しくなり、ついつい話過ぎてしまうこともあります。しかし、そうした中から、互いに知識や情報を共有しあい、ひいてはそれが仕事の紹介や信頼できる業務提携先として長い付き合いになることもあります。本書をお読みいただいた皆様には、是非、他士業者とより良い関係性を築いていただければと思います。

【参考文献】

山野目章夫ほか（編）『詳細　登記六法　2020 年版』（きんざい・2019）
末光祐一（著）『Q&A　道路・通路に関する法律と実務』（日本加除出版・2015）
金澤　均 (監)･山川直人 (イラスト)『イラスト六法　わかりやすい借地 (第 12 版)』(自由国民社・2019)

索　引

【あ行】

遺言書 …… 86
遺言書保管所 …… 94
遺言書保管法 …… 92
遺産分割協議書 …… 48
遺産分割調停 …… 184

【か行】

改製原戸籍 …… 36
開発許可 …… 105
角地緩和 …… 135
官公署に提出する書類 …… 16
旧法借地権 …… 100
狭隘協議 …… 129
境界確定測量 …… 191
共同担保目録 …… 58
建築協定 …… 109
限定承認 …… 178
検認 …… 92
建ぺい率 …… 133
権利義務に関する書類 …… 16
権利部 …… 56
更新料 …… 101
公図 …… 67
公簿（登記簿）売買 …… 191
戸籍謄本 …… 34
戸籍の附票 …… 40

【さ行】

細街路協議 …… 129
市街化区域 …… 106, 149
市街化調整区域 …… 106, 149
実測売買 …… 191
私道 …… 131
準確定申告 …… 179
照会番号 …… 80
小規模宅地等の特例 …… 183
使用貸借 …… 83
初回相談 …… 26
除籍謄本 …… 38
所有権 …… 82
所有権界 …… 188
所有者不明土地 …… 5
接道義務 …… 68, 121, 124
セットバック …… 125
線引き都市計画区域 …… 106
葬祭費 …… 19
相続関係説明図 …… 43
相続時精算課税制度 …… 182
相続税の基礎控除額 …… 2
相続登記 …… 21
相続登記義務化 …… 6
相続土地国庫帰属制度 …… 7
相続放棄 …… 178
相談票 …… 27

【た行】

建物図面 …… 76
団体信用生命保険 …… 179
地区計画 …… 105
地積測量図 …… 72
中心線協議 …… 126
賃貸借 …… 95
通行掘削承諾書 …… 140
通路 …… 121
定期借地権 …… 100
抵当権 …… 179
登記識別情報 …… 57
道路 …… 121
登録免許税 …… 177
道路種別 …… 123
道路使用許可 …… 136
道路占用許可 …… 137
都市計画区域 …… 106
都市計画法第53条第1項 …… 104
土地区画整理法第76条第1項 …… 107
土地使用貸借契約書 …… 85
土地地目変更登記 …… 188
土地賃貸借契約書 …… 96
土地分筆登記 …… 191

【な行】

内容証明郵便 …… 116, 120
農業委員会 …… 147
農振除外 …… 156
納税通知書 …… 177

【は行】

配偶者控除 …… 182
筆界 …… 188
非農地証明書 …… 173
非弁行為 …… 186
表題部 …… 55
普通借地権 …… 100
ブルーマップ …… 63
法定相続情報一覧図 …… 43
法テラス …… 186

【ま行】

埋蔵文化財 …… 104
埋葬料 …… 19
未登記建物 …… 66, 187
みなし相続財産 …… 20
民事信託 …… 16
面談 …… 30

【や行】

容積率 …… 134
43条但書 …… 130
42条2項道路 …… 124

【ら行】

暦年課税制度 …… 182
路線価 …… 177

【執筆者紹介】

帆秋　啓史（ほあき　けいし）
行政書士

　大学卒業後、埼玉の総合事務所にて、不動産調査・登記・測量業務に携わり、その後、東京の司法書士事務所にて相続・遺言・成年後見業務等の経験を積む。平成 27 年に東京都北区にてパートナー土地家屋調査士と共に土地家屋調査士・行政書士事務所トラスト・スクエアを開業。開業後はこれまで携わった分野に加え、建設業等各種許認可等、幅広い分野で業務展開をしている。平成 29 年からは東京都行政書士会北支部の理事に就任し、研修部部長、法教育推進委員会副委員長及び区民相談員等を務め、現在に至る。

著者との契約により検印省略

令和３年３月20日　初 版 発 行
令和４年11月30日　第２版発行

行政書士実務のキホン
「相続・不動産」（第２版）

著　　者　帆　秋　啓　史
発 行 者　大　坪　克　行
印 刷 所　光栄印刷株式会社
製 本 所　牧製本印刷株式会社

発 行 所　〒161-0033 東京都新宿区
下落合２丁目５番13号
株式会社 税務経理協会
振 替 00190-2-187408
FAX (03) 3565-3391
電話 (03) 3953-3301（編集部）
(03) 3953-3325（営業部）
URL http://www.zeikei.co.jp/
乱丁・落丁の場合は，お取替えいたします。

ISBN978-4-419-06897-4　C3032